說話的內功

汲取世界48哲人的智慧，
八階段深度磨練言語的力量

申道賢 신도현
尹娜鏤 윤나루
著

林侑毅 譯

寫在書前

「一燈能除千年暗。」即使是不曾照進一縷陽光的絕地洞窟，也能因一盞小燈而明亮。一句話的力量，也正如這燈火。一句真誠的話語，能治療自己與他人長久不癒的傷口。

從去年開始，我開始固定收看國家紀念儀式。總統前所未見的致辭，逗得國家有功者與遺族家屬又哭又笑，甚至於觀禮的民眾與我也是如此。感動的原理如此簡單。只要真心說出人們衷心期盼的話語、國家本該澄清的言論，就已足夠。

話者與聽者雙方的生命，都揉合在一句話裡。因為話語的意義和表達方式首先由話者的生命經驗決定，再由聽者的生命經驗介入而調整。沒有這個過程，話語便無法誕生。所以「能言善道」並不單純指嫻熟話術的狀態，而是一個全面的狀態，包含持續自我反省而臻於成熟、關心與理解他人，甚至具備解讀某種情況的眼光。而努力達到那種狀態的過程，便是「學習說話」的過程。

坊間已經有許多說話技巧的書籍，大多是實用類書籍。即便如此，各家觀點依舊千篇一律。這些書跳過了練就能言善道前的過程，直接介紹說話技巧高超的案例和技術。也由於偏重表達方式，經常無暇顧及話語中蘊含的真正意義。

話術技巧當然重要，但是站在為書市再出一本話術技巧書的立場，必須與既有書籍明確區分才行。所以比起立竿見影的話術提升，本書更想摸索出一條從根本改變既有語言生活的道路。為此，我從人文學中，尤其是東西方經典與聖賢的話語中尋求智慧。比起任何一門學問，人文學能更深刻地探索話語，更細膩地詮釋話語。雖說如此，我的最終目的並未放在話語本身。我的夢想是改變自己與世界，而話語不過是實現這個目標的手段。

人文學從根本改變個人的語言使用，保護人們免於社會的險惡。人文學使我們在琢磨話語的過程中鍛鍊自我，同時也告訴我們如何以話語巧妙地協調世界與他人，並且教導我們該如何說話，才能準確傳達自己的意思，既可避免威脅，又可明哲保身。

要從根本改變話語，必須在修養自我的同時，一點一滴累積需要的能量。我將這個過程整理為八大階段，在每個階段的開頭簡短寫下概括性的文字，並引用東西方經典或聖賢的話語，逐一分析主要的內容。與其說是解釋這些話語，不如說是將這些話語視為寫作的題材。

總的來看，「修養篇」、「觀點篇」，以及「智慧篇」、「創意篇」，是準備並熟悉話語的階段。接著在「傾聽篇」鍛鍊聆聽的能力；在「提問篇」訓練口說；在「話術篇」學習更具體的說話原則；在最後階段的「自由篇」摸索該如何實踐話語，才能邁向更美好的人生；「實踐篇」則介紹幾個絕佳的說話案例。

科學哲學家湯瑪斯·孔恩（Thomas Kuhn）曾說：「改變典範（paradigm）不代表世界將立刻改變。」不過他也說了：「必須改變典範，人們才能活出另一個世界。」期待本書能成為各位的指南，引領各位改變話語的典範，最終改變各位的人生與各位賴以生存的世界。

申道賢

目次

第一階段

修養

第二階段

觀點

第三階段

智慧

第四階段

創意

第五階段

傾聽

第六階段

提問

第七階段

話術

第八階段

自由

實踐

從聖人的故事

凡例

一為便於讀者理解，部分引文採用意譯方式。

一書名以書名號《》表示，單篇文章、論文、報導篇名以篇名號〈〉表示。

1 話皿（말그릇）指乘載話語的器皿。

第一階段

修養

培養話皿[1]的方法

我們一般以器皿的大小來比喻一個人的深度。
學習說話的起點，便是由培養這個器皿的修養開始。
修養的關鍵在於養成自尊心，
熟悉控制情緒的方法。
自尊心是愛自己的心，
培養出自尊心，才能過上健全的語言生活，
既不隱藏自己，也不炫耀自己。

所謂情緒管理，正如字面所言，
是有智慧地紓解內在的情緒。
唯有管理好情緒，才能減少抑鬱的話語、
充滿憤怒的話語、具有攻擊性的話語等；
唯有那時，才能保護自我，
也避免傷害他人。

話語如水，隨器皿而改變

「盂方而水方。」——荀子

不改變器皿的形狀，卻試圖改變器皿中液體的形態，終究是徒勞無功。話語也是如此。唯有改變話皿，話語才會改變。琢磨話語前，先修飾話皿吧。說出耐人尋味的話語前，必先成為深思熟慮的人；說出值得信賴的話語前，必先成為一諾千金的人。

寬容可靠的形象固然可以由話語營造，然而這不過是暫時的。交談一兩句或許還能應付，隨著交談深入，立刻破綻百出。

一開口就與他人挑起爭端，或是無法隨心所欲表達個人情緒，最大問題可能都在於話皿，其次才是語言的使用與表達能力。

無法管理好內在情緒的人，其情緒經常未經沉澱而立刻向外宣洩，引起不必要的衝突。而不自愛又缺乏自尊心的人，由於未能真正理解自己、信賴自己，造成極端的自我封閉或另一個極端的自我炫耀。話語必然會真實反映一個人的本質。

因此修養是必要的，我們必須深刻理解自己、深愛自己，從中培養自尊心，也必須學習妥善管理內在情緒。單憑這兩點，就能減少大半因話語而勞心傷神的情形。

荀子（西元前298-238年）：中國戰國時代哲學家。雖繼承孔子學問，卻因主張性惡說而被後世視為異端。斥宗教、神話為迷信，主張實現道德規範的政治，要求統治者具備高道德操守。引文出處：《荀子》。

剝去社會規範的善惡，原初的你是什麼模樣？

「不思善，不思惡，
正與麼時，哪個是明上座本來面目？」——慧能

修養的目的不在於成為善人，而是先理解「自我」。因為唯有深刻理解自我，才懂得愛，自尊心才能在此萌發，使一個人的心靈基礎更加穩固。

試看慧能的這番話。他說不去想惡，也不去想善，這是要人們別受限於既定的習慣與規範。區分善惡的道德倫理，正是此一習慣的極致。既然慧能要我們擺脫這個道德倫理，其他習慣自不待言。

當我們開始懷疑學校教導我們的、社會灌輸我們的一切有形、無形的規定與習慣，例如女性／男性、青年／老人、前輩／晚輩的區別與功能時，才能看見真正的「自我」。拋棄「良善的我」、「守禮的我」，才能見到「真正的我」；跳脫「女性化的」和「男性化的」，才能見到「自我風格的」。

當然，這個世界的規範猶如枷鎖，難以抗衡。我們深知過去曾被視為理所當然的七出之條[1]、貴族與平民之法等，是如何對個人施加壓迫

1 七去之條最早見於漢代《大戴禮記》，曰：「婦有七去：不順父母去、無子去、淫去、妒去、有惡疾去、多言去、竊盜去。」至唐代發展為七出之條，即婦人有「無子、淫佚、不事舅姑、口舌、盜竊、妒忌、惡疾」之實，可休妻。

慧能（638-713年）：中國唐朝僧侶。相較於理論與學習佛經，更重視修行與頓悟。為禪宗第六祖，韓國曹溪宗繼承慧能法脈。相關著作有《六祖壇經》。引文出處：《無門關》

的。只要今日尚未進入烏托邦社會，那麼現代的規範必然會存在矛盾，這個矛盾也可能隨時出現。

所以，我們必須以自己的眼光要求自己，而非他人的目光。我們必須明白，當褪去外在施加的所有規定和規範後，我真正是個什麼樣的人，我喜歡的東西是什麼，我真正的夢想又是什麼。慧能問我們：

「哪個是明上座本來面目？」

我永遠是主人公

「瑞巖師彥和尚，每日自喚主人公，復自應諾，乃云：『惺惺著喏！他時異日莫受人瞞！』『喏喏！』」——瑞巖

如果慧能的話語喚起我們的認知，那麼瑞巖則激起我們的決心與實踐。認知到社會賦予的規定與規範，是阻撓我們實現自我的障礙後，瑞

巖說，如今該活出真正的自我，做自己生命的主宰了。

做自己生命的主人公，代表不再受他人的欲望驅使，不再過著符合社會期待的生活，不再過著實現他人夢想的生活。在自我生命中以我為標準，而非他人。

表面看來，許多人似乎早已順從自己的欲望，甚至變得自私自利了。但如果真是如此，他們應該感到幸福。然而為什麼多數人依然高喊生活不幸，甚至試圖自我了結？這是因為人生最終的目的不在於謀求一己之私。不惜踩過他人身體所爭取到的成就，終究是他人虛幻的認同；自私自利勤奮工作所追求的幸福，其實是建立在他人的欽佩與羨慕之上。這種生命的目的不在於自己，而在於他人。

我生命的主人公必須是我，而非他人的需求或認同。忘卻這個理所當然的真理，不可能感到幸福。所以瑞巖每天自問自答。從自己口中喊出「主人公」，再自己應答的行為，就是為了不忘自己才是自己生命的主人公，也藉此為自己打氣。

不曾為自己活過的人群中，要想成為自己生命的主人公，必須有極大的決心和勇氣。所以我們何不學學瑞巖，每天花一分鐘喊出清亮的口號，增強自己的決心？成為自己生命主人公所需的時間，只要一分鐘。

瑞巖（850-910 年）：中國唐朝僧侶。俗姓許，法名師彥，亦稱瑞巖師彥。幼年出家，雖未留下著作，仍有幾則軼事流傳下來，例如最喜他人選剩物品的「念珠」軼事、每日自喚「主人公」的軼事等。

 引文出處：《無門關》。

每個人都是「藝術品」

「但為什麼不能每個人的生活都變成一件藝術品呢？燈泡或房屋為什麼應該是一個藝術對象、而不是我們的生活？」——米歇爾・傅柯

作品的反義詞也許是產品吧。如果產品是整齊劃一的、被動的，作品就是獨創的、主動的。所以產品可以被替代，而作品無法被取代。即便如此，作品也並不比產品更有價值。這個世界需要作品，也需要產品。

但是我希望一個人的生命不是產品，而是作品。當這個生命是「我」的生命時，更應當如此。如果我的生命是整齊劃一的、被動的，因此即使我消失了也無妨，總有其他人可以填補我的空位，那該有多悲傷！

所以父母應當期許子女成為如作品一般的人，學校和社會也應當將每個個體視為獨一無二的珍貴作品。但是相較於此，更重要的是我們將自己的生命活成一件作品，並且珍視生命為作品。如果父母或學校、社會辦不到這點，至少我自己必須如此。傅柯心之所繫，也是這種獨創性在個體生命中的延伸。

我們的社會將個體的生命甚至是身體，劃分為正常與不正常。因為社會將人視為產品，自然會有如此劃分。所以我們必須努力將生命視為作品，至少要讓自己跳脫這種社會的認知。唯有如此，才能敞開胸懷接納自己被視為不正常或缺點的「劣勢」，也才能全然認同與憐愛自己的

米歇爾．傅柯（Michel Foucault，1926-1984 年）：法國哲學家，關注過去哲學史上不受重視的微觀主題。著有分析感化院與軍隊等監視機構與懲罰機構的《監視與懲罰：監獄的誕生》、追溯今日被視為精神異常的「瘋癲」如何受理性驅逐的《瘋癲與文明》（Folie et deraison）等。傅柯同樣關注同性戀等性議題，撰寫相關文章。引文出處：〈論倫理系譜學：綜述創作中的著述〉(On the Genealogy of Ethics: An Overview of Work in Progress)。

一切。若能再進一步將他人的生命也視為作品，那麼從這一刻起，我與他人之間的差異將再也無法成為阻礙。別說是阻礙，彼此更會因為差異而顯得極具價值，綻放耀眼光芒。

「我」是全天下最珍貴的物品

「故貴以身為天下，若可寄天下；
愛以身為天下，若可托天下。」——老子

一般認為愛天下甚於愛自己者，可以委以天下，然而老子推翻了這個思維。他說唯有愛自己甚於愛天下者，才可以託付天下。

老子所說的「愛以身為天下」者，不受這個世界的規定與規範左右。他們以自己的目光看待自我，建構自我，而非外界的目光。反之，願意犧牲小我去熱愛世界的人，將依循世界的規範被動生活，正如他熱愛世界那般。換言之，珍愛自己的人打造自己夢想的世界與價值，而願為世界犧牲自我的人忠於當前世界的模樣與規範。對世界的犧牲，即是對世界規範的犧牲。

能向世人宣告愛自己更甚於世界的人，知道「自己」的珍貴，也知道「他人」的珍貴。他們明白個人的價值。然而願意為世界犧牲的人，必定認為既然自己能為世界犧牲，他人也應當如此。

所以老子認為真正懂得愛自己的人，才能委以天下。這個道理不僅限於治天下，世間萬事皆是如此。不愛自己的人，無法去愛他人；不知道自身價值的人，也不知道他人的價值。這是我們在學習說話時，必須先從認識自己、關愛自己開始的原因。

老子（西元前571-471年）：據傳生於中國春秋時代的傳奇人物，《老子》一書傳言為其所著。老子哲學雖鮮少為主流採納，不過在庶民及非主流知識分子之間持續作為另類思想流傳。他與孔子同樣對西方近現代思想發展帶來極大影響。引文出處：《老子》。

成為情緒的主人

「我把人在控制和克制情感上的軟弱無力稱為奴役。因為一個人為情感所支配，行為便沒有自主之權，而受命運的宰割。在命運的控制之下，有時他雖明知什麼對他是善，但往往被迫而偏去做惡事。」——斯賓諾莎

我經常被瞬間湧上來的情緒沖昏頭，事後才發現連我自己都不能隨

心所欲克制情感。在那一刻，我的生命處於被動的命運之中，不隨我的意志行動。一旦為情感所奴役，即使遇見再好的狀況，都無法欣然接受，只會朝更負面的方向解釋，使自己越陷越深。

所以要做好自己生命的主人，必須先管理好自己的情緒；而要管理好自己的情緒，必須明確掌握自己身處的狀況與當時的情緒。越無力克制情感的人，越容易曲解自己身處的狀況。好比脾氣暴躁的人，總往極端發洩情緒的方向想；內心傷感的人，總往悲傷的狀況想。

被情緒沖昏頭時，難以客觀判斷眼前的狀況。所以在了解狀況前，應先努力認識自己的情感結構。請想想自己特別脆弱的情感吧。許多人只因為認為情感必須克制而壓抑情緒，導致自己的情感結構在尚未健全的狀態下扭曲變形。

如今該正視自己內在的情感結構了。因為情感結構的扭曲變形，使我們在該感謝的情況下莫名其妙地嫉妒，或反倒以憤怒表達歉意。為了引導這種生疏的情感流向正確的方向，斯賓諾莎將情感區分為以下四十八種之多的類型，並加以分析。他將複雜的情感細細梳理，向我們呈現各種類型的情感，奠定我們正確認知與紓解情感的基礎，而非一味忍讓。

自卑、自信、驚嘆、好勝、野心、愛情、大膽、貪婪、厭惡、博愛、同情、憾恨、驚慌、輕蔑、殘酷、欲望、渴望、鄙視、絕望、酗酒、過譽、善意、慶幸、榮耀、感謝、謙虛、義憤、嫉妒、敵意、嘲笑、色欲、貪吃、恐懼、憐惜、恭敬、怨恨、後悔、好感、恥辱、膽怯、信心、希望、驕傲、畏縮、快感、痛苦、羞恥、報復。

斯賓諾莎（Baruch de Spinoza，1632-1677 年）：生於荷蘭的猶太哲學家。主張泛神論神學，政治上支持共和主義。「即使世界末日明天來臨，我也要種一棵蘋果樹。」這句在韓國膾炙人口的名言，一般認為出自斯賓諾莎之口，不過實際上並非如此。著有《倫理學》等書。引文出處：《倫理學》（Ethics）。

讓我們藉由上述情感觀照內心，從中找出自己經常無法克制的情感，或者自己特別缺乏的情感吧。

好好觀察情緒波動時的生理狀態

「又於身，隨觀生法而住；
於身，隨觀滅法而住；
於身，隨觀生滅法而住。
或者建立『有身』之念，唯有正念與覺照，無所依而住，
不貪著世間之任何事物。
諸比丘！此即比丘於身，隨觀身而住。」——釋迦摩尼

掌握自我情感結構後，在管理情緒時應能較過去更得心應手。如果自己的核心情感是憤怒，將更不易受憤怒的左右；如果缺乏的情感是希望，未來將更加充滿希望。

掌握情感結構後，試著根據這個結構畫出一幅情感設計圖吧。方法是刪除偏激的情感，加強缺乏的情感。這個目的在於培養良善的情感，減少負面的情感。接著根據這張設計圖，妥善管理及處理每一個瞬間的情感。

釋迦摩尼指點眾生各種控制情感的修行方法，其中有方法名為「靜觀」或「正念」。簡而言之，靜觀是指觀察、覺察自己一切真實的反應，亦即正視每一個瞬間的自我的功夫。

只要觀察自我，覺察內心升起的情感，便能控制此一情感。越早覺察越好。因此，靜觀是能快速且正確掌握自我情感的方式。

釋迦摩尼要我們首先留心觀察身體的現象，任何一種情緒出現時，這個情緒無論如何都會顯現在生理上。例如感到憤怒時，呼吸變得急促，身體輕微顫抖。關注這種現象，便能更快覺察內心情緒的萌發。如此一來，我們將可隨心所欲增強或消滅這個情緒。

許多佛教修行者如釋一行與達賴喇嘛等人，藉由這種靜觀之法控制情感。如今已離世的蘋果公司創辦人賈伯斯，也曾修行過正念冥想，據說他藉此控制情感與雜念，因而得以專注於構想的開發。

釋迦摩尼（西元前563-483年）：佛教創始人，也被稱為佛陀（Buddha，意指覺者）或佛祖。出生時為印度某個王國的王子，後出家成為修行者。主張中道修行以求解脫，而非苦行，反對社會上的階級歧視。引文出處：《相應部（Samyutta Nikaya）》。

第二階段

觀點

改變觀點

這個世界因觀點、
因觀看而存在。
世界本身是客觀的，
只是我們以主觀看待。

所以我的主觀改變了我的世界，
而當我的世界改變時，
真正的客觀世界也改變了。
因此，先藉由修養，
磨練作為語言生活主體的自我後，
接著便是確立觀點。

沒有自我的人，話語必然空洞無力

「內不足者，其辭煩；心無主者，其辭荒。」——成大中

內不足與心無主是相同的狀態，都是「沒有個人觀點」。這種人內在空空如也，所以說話雜而無章；因為雜而無章，所以說話空空如也。

假設某人問我如何看待A這個問題，而我不曾思考過A的問題，或者說我曾經思考過，但是不曾深入思考，沒有自己的看法。這時我的回答必然空洞無力。發言沒有重點，說話自然吞吞吐吐、缺乏條理。

反之，對A問題立場鮮明的人，自然能滔滔不絕。雖口若懸河，卻又恰到好處，能條理清晰地陳抒己見。當然，並非邏輯清晰的言論都是高見。例如對A問題立場鮮明，然而觀點流於形式、人云亦云，或者有違常理，這樣的回答肯定不會是吸引人的回答。所以人不可沒有觀點，而觀點必須創新。

成大中（1732-1809 年）：朝鮮後期性理學者。深受朝鮮國王正祖的信賴，卻由於出身庶孽，未能晉身高官。與朴趾源、李德懋等北學派人士往來，著有日本紀行文《日本錄》與書名取自其號「青城」的《青城雜記》。引文出處：《青城雜記》卷二〈質言〉。

確立觀點，百辯無礙

「女以予為多學而識之者與？」

「非也，予一以貫之。」——孔子

繼續來談上一段引文。當某人詢問我對於A的看法時，我必須有自己的觀點，才能抓住重點，避免說話雜而無章。萬一某人問的不是A，而是我不熟悉的B或C呢？英文單字從A到Z只有二十六個，然而這個世界上的問題和爭議無窮無盡。難道真要成為萬能博士，才能說出有邏輯脈絡的、有意義的言論嗎？

孔子認為並非如此。孔子生前已是名聞天下的學識淵博之人，受到戰國諸侯們的景仰，據說弟子多達三千人。孔子死後，其思想仍代代相傳，不僅影響了西方的啟蒙主義，即便是兩千五百年後的今日，依然發揮極大的力量。

儘管孔子留下如此耀眼的成就，他也多次因為未知的事物而向他人請教，甚至因為錯誤的知識而受到弟子的責難。即便如此，孔子的哲學在當時乃至於今日仍具有極大的力量，原因就在於他過人的觀點。

孔子也說過，自己並非多學而識之，只是以一貫之。這裡的「一」，自然是觀點。

身處只以身分判斷個人的時代，孔子純粹以人格看待個人；在以嚴刑峻法統治百姓的時代，孔子提出「風行草偃」的洞見：當統治者行善

孔子（西元前551-479年）：中國春秋時代哲學家、儒家始祖。曾周遊列國宣傳其學說，培育弟子。孔子死後，其言行被編為《論語》，而《論語》書中的孔子哲學日後成為東亞至為核心的思想。引文出處：《論語》。

政，百姓自然隨之行動，猶如起風時，草自然倒下，因此孔子要求上位者不應處罰百姓，而要潛心修養自我。除此之外，孔子也在社會、教育等各個方面提出挑戰既有觀點的新觀點。

觀點猶如樹根，只要觀點深刻且穩固，即使無法一一深入了解其他事物，也能充分提出深刻的見解。

觀點改變，話語將隨之改變

「為了培養人、改造人，
並且使人們能夠符合他們生存條件的要求，
任何社會都必須具有意識形態。」——路易・阿圖塞

所謂語言，必然乘載著該語言所在社會的主流觀點。例如「男女老少」四個字裡，包含了男性優先於女性、老人優先於少年的先後認知。以阿圖塞的話來說，就是「意識形態」，簡而言之，意識形態是整個社

會基本通用的主流觀點。

無論主流觀點是好是壞，一個社會必然需要主流觀點，因為它形塑社會中的個人。雖然這類情況今日較為罕見，不過在將婚姻視為義務的社會中，所有個人都會以未婚者或已婚者定義自己，而未婚者在社會上沒有立足之地。

此外，主流觀點迫使個人在生活中符合社會的要求。例如使未婚者認清未婚的現實，匆忙準備結婚；使已婚者認清已婚的現實，盡最大努力遠離離婚的可能。觀點不僅影響語言，也如此滲透至真實社會的每個角落。觀點是維繫社會舊有秩序的必要條件，而以上是觀點的負面影響。

另一方面，社會不可缺少觀點的原因，在於觀點可以改變個人，這正是阿圖塞所提及的。隨著觀點日新月異，人們也將得以蛻變新生。在學習說話時，同樣必須學習建立觀點。新的觀點創造新的個人，使人說出新穎的話。

路易・阿圖塞（Louis Althusser，1918-1990 年）：法國哲學家，主張科學馬克思主義。任職巴黎高等師範學院（ENS）期間，培育出雅克・德希達（Jacques Derrida）、阿蘭・巴迪歐（Alain Badiou）等無數哲學家。在科學方面，將結構主義帶入馬克思主義，並站在激進主義路線批判當時政黨。引文出處：《保衛馬克思（Pour Marx）》。

一個人不可能沒有世界觀

「沒有任何一個人，能不用世界向我們展現其面貌的方法，去向他人展示世界的模樣。所以，我們不得不回歸到觀點上。一個人不可能沒有世界觀，即使真的沒有，我也不樂見這種情況。」——馬丁・布伯

馬丁・布伯說，我們不可能不帶個人觀點地看待世界。換言之，一

開始就不可能拿掉主觀的觀點，去客觀看待世界最真實的模樣。沒有觀點，無異於死亡。因為唯有具備觀點，才能證明一個人的認知系統真實存在。因此，我們該思考的不是如何最大程度拿掉觀點，而是如何站在更突出的觀點上。

學校與社會灌輸我們的觀點，並不那麼突出，也不嶄新。固守舊有觀點，無法締造精彩豐富的語言生活。想要開啟嶄新的語言生活，必須從改變開始。請記住，看待世界的眼界深度，即是個人語言的深度。

馬丁・布伯（Martin Buber，1878-1965 年）：出生於奧地利的猶太哲學家暨神學家。儘管經歷過世界大戰與納粹大屠殺，仍奉行宗教經典主義，力倡信賴人類的哲學。其探索「相遇」與「對話」的《我與你》（Ich und Du），被視為經典名著。引文出處：《教育講論集》（Reden über Erziehung）。

不同的角色，不同的立場

「矢人豈不仁於函人哉！
矢人唯恐不傷人，函人唯恐傷人。
巫匠亦然，故術不可不慎也。」——孟子

孟子說，並非製造箭矢者就是惡人，而製造鎧甲者便是善人。他們不過是忠於自身所處的職業，造箭者研究傷害人的方法，而製造鎧甲者研究保護人的方法。同理，巫師驅趕人們身上的噩運，而製造棺木的木匠為販售棺木，自然期待人們的死亡。

從自身利害關係來思考，是理所當然的事。正所謂橫看成嶺側成峰，我身處的位置正是我的觀點。所以欲將橫嶺看成峰，必須旋轉觀看的角度，而要改變既定的觀點，就必須轉換我的位置。觀點的英文是「standpoint」與「viewpoint」，如字面所言，站立（stand）的地點（point）正是觀看（view）的地點（point）。例如想改變授課方式的老師，可以讓自己直接變成學生。到進修學院或文化中心聽課，也是一種方法。

所謂的觀點，必然如此深受位置的限制，不過橫看也是可以想像側看的風景。如果現實不允許自己改變身處的位置，不妨試著換位思考、自我反省。這麼一來，即使不改變位置，也能轉換觀點。

孟子（西元前372-289年）：中國戰國時代哲學家暨說客。繼孔子之後建立儒家哲學體系，主張人性本善，勇於對抗富國強兵的政治，力陳民本與愛民政治。由於擁護革命，《孟子》曾數度被列為禁書。

引文出處：《孟子》。

問題意識帶來改變

「博學而篤志，
切問而近思。」——子夏

前文說到，觀點建立在自己身處的位置上。而在這個位置上，又受到社會主宰的觀點所箝制。例如在以男性為中心的社會中，男性從「男性」這個自身主體出發，一方面貫徹男性的觀點，一方面也將居於社會主宰的男性中心觀點內化。換言之，他們存在於自身所處的現實與意識形態的兩個觀點上。

因此要創造新的觀點，必須仰賴後天的努力。子夏提出了四個方法，即「博學」、「篤志」、「切問」、「近思」。子夏欲藉此求「仁」，此處的仁與其說是品德，更接近於觀點。以下分別來看四種方法。

「博學」是拓展自身既有的知識體系。這是我們必須學習人文學的原因。人文學的目的雖然不在於提供現實生活上的實用資訊，卻觸及觀點的根本。學習人文學從古至今累積的多元觀點，將可在此過程中自然領悟自身的觀點。

「篤志」是指不受外力所迫，專心致志。在展望與構思新的觀點時，我們不免承受有形、無形的外在壓力。觀點的差異使我們遭受旁人異樣的目光，而洞悉了各種不合理與荒謬後，也令我們開始感到不安。不安的程度有多大，痛苦就有多深，儘管如此，為了建構新的觀點，仍必須

子夏（西元前507-420年）：中國春秋時代學者。為孔門十哲之一，被譽為孔門弟子中學問最精深者。據傳子夏喪其子，哭而失明。引文出處：《論語》。

忍耐下去。

「切問」是培養問題意識。盛滿水的碗內，無法再倒入任何一滴水。水滿則溢。所謂問題意識，即是對碗中的滿水感到疑惑。對一切的理所當然提出疑問，將句號刪去，並在句號的位置填上問號，這正是「切問」的實踐。

最後，「近思」是指在胸懷天下前，先從自我與周遭開始細細探索。這需要學著重新看待日常生活。唯有「我」先改變，真正的變化才會開始。

靈活實踐這四種方法，便可設計與創造出新的觀點。

沒有唯一的真理

「真理不具有全能的力量，
這意味著在其終極意義中，真理的產物——
主體語言無權去命名處境中的所有要素。」
——阿蘭・巴迪歐

絕對主義與相對主義是哲學的兩大山脈。絕對主義相信世上存在絕對正確的唯一觀點，而相對主義對此反駁，認為世上沒有唯一正確的觀點，許多觀點不過是同時存在善惡與優缺而已。其中，阿蘭．巴迪歐的主張接近絕對主義。

阿蘭．巴迪歐以「真理」指稱唯一正確的觀點，哲學之於阿蘭．巴迪歐，是朝向真理的持續探索與實踐。然而這個真理不代表萬能。他所說的真理，是絕對主義與相對主義的綜合體，雖然沒有放諸四海皆準的唯一真理，符合各種情況的多元真理則確實存在。例如，沒有一個真理可以同時適用於古新羅與今日的大韓民國，然而新羅時代與大韓民國分別存在著各自的真理。

根據阿蘭．巴迪歐的說法，當成為真理的觀點確立時，「主體語言」亦將誕生。這個語言並非既有的沉悶語言，它具備新的內容與形式，語言生活將由此改變。因此，只要忠於自己新建立的觀點即可，不應期待這個觀點將可放諸四海皆準。

重新將以上言論整理如下。請對外界灌輸給我的觀點、社會要求我的觀點存疑，並在此建立新的觀點、個人獨特的觀點。請揚棄他人的目光，用自己的目光看待自己、看待世界，同時承認自己的觀點並非永遠完美。

阿蘭・巴迪歐（Alain Badiou，1937-）：法國哲學家。借用精神分析學與數學建構自身的真理哲學，不僅與思想家們展開哲學論辯，也針砭各種現實政治的議題。2013 年曾訪問韓國，針對朝鮮半島統一的問題，表示：「必須創造新的韓國，而非南韓或北韓。」引文出處：《倫理學：論惡的理解》（L'éthique：Essai sur la conscience du mal）。

第三階段

智慧

讓話語更有深度

話語的內容比形式更為重要，
而讓說話內容富有深度的，則是智慧。
智慧是知己、知彼，進而認識世界。
那並非一知半解的認識，而是鞭辟入裡的洞悉。
以他人的話語與文字為他山之石，藉此反觀自我。
透過他人的見識拓展自身眼界，
便可修得智慧。

對知識全盤接受的人，無法培養智慧。
必須經過個人的解釋，才能涵養知性，成就智慧。
解說與解釋在此有所區別。
解說是針對既定的話語提出合適的說明，
而解釋是洞察話者與說話的背景。
一言以蔽之，解說是客體行為，
解釋是主體行為。
想要深入理解世上的知識，並以此為基礎，
強化自己話語的力量，
就必須訓練解釋的方法。

智慧高於內心

「人們說感官重要，內心比感官更重要，
智慧比內心更重要，而它（自我）比智慧更重要。」

——《薄伽梵歌》

古代哲學一般重視內心，而《薄伽梵歌》將智慧置於內心之上，頗耐人尋味。今日人們常說「成功取決於內心」、「心地善良」，大多將內心限定在意志乃至於道德的意義上。

教科書或「大人」們強調，比起外貌、學經歷和物質條件，堅強的意志力與善良的心更為重要，必須以此作為評價個人的唯一標準。所以儘管我們實際上重視外貌與學經歷等條件，另一方面也努力不忘內心才是無價之寶的事實。

然而我們深知，單憑內心無法成就一切。即便心地善良、意志堅定，如果缺乏智慧作為後盾，仍無濟於事。缺乏智慧的善舉，反倒可能帶來不良的後果，就像「朴思慕太極旗部隊」[1]那樣。

《薄伽梵歌》將智慧置於內心之上，也是由此背景而來。單憑一顆想與對方充分對話的心，無法促成良性對話。必須了解對方、讀出對方心中的期待，有時也應給予充滿智慧的建議，幫助對方正面解決自身問

1 一心追隨韓國前總統朴槿惠，以韓國國旗「太極旗」作為反倒朴遊行象徵的組織。

《薄伽梵歌（Bhagavad Gītā）》：印度古代經典，又譯為《神歌》，是濃縮印度思想的哲學詩集。作者不詳，著作年代可上溯至西元前二世紀，下至西元五世紀。甘地評價該書為「生命的指引者」與「行動的辭典」。引文出處：《薄伽梵歌》。

題。因此，促進良性對話的智慧有待學習。藉由書本與經驗學習「關係」，並在傾聽對方的話語時理解對方，才拓展智慧的道路。

順帶一提，《薄伽梵歌》將自我置於最高地位，這是當然的結果。因為先有「自我」，才有「智慧」、「內心」與「感官」；有了「自我」，也能與他人、與世界溝通。

揭露問題的話語，令人不安卻必要

「我心裡覺得
那開花的蘋果樹很愜意
而那房屋油漆工的演說則很恐怖。
但只有後者
才會驅使我走向書桌。」——貝托爾特．布萊希特

上段引文為〈詩歌的壞時代〉一詩最後一段。生於德國的布萊希特

經歷過希特勒的鎮壓，他將那個時代直接命名為「詩歌的壞時代」。所以布萊希特寫出的詩，並非耳熟能詳、歌詠自然的溫暖詩歌，而是黑暗且具有批判性的抵抗詩。

如果說對開花的蘋果樹的愜意，是抒情詩創作的源泉，那麼對房屋油漆工的憤怒，便是書寫抵抗詩的原因。詩中的房屋油漆工，指的是在世間播下罪惡的希特勒及其國家。布萊希特認為，不顧社會的黑暗而歌頌美好，這種行為本身或許就是掩蓋事實、同流合汙。

雖說如此，對蘋果樹的愜意與抒情詩並非毫無必要。任何一個時代都同時需要抒情詩與抵抗詩。布萊希特不過是在獨尊抒情詩的時代，藉由抵抗詩的書寫取得平衡罷了。

當時德國帝國主義並非存在於希特勒一人之上，而是建立在多數人民的同意與支持之上。在彼時人們眼中，布萊希特揭露這種黑暗面的詩，必然令人不快。

當然，這不只是希特勒時代的問題。任何一個時代都有問題，差別只在於程度深淺。迴避這些問題的文字，任誰讀來都感到輕鬆自在，而揭露這些問題的文字，任誰都感到不安。

然而為了涵養智慧與見聞，仍不得不正視這些隱晦且令人不適的文字。我們必須關注的作品，應是揭露社會內幕的觀點與思維，而非刻意以晦澀文字包裝的作品。因為閱讀與個人想法相同的文字，只是行為的重複；而接觸與個人想法不同的文字、話語，才能拓展自我。

貝托爾特·布萊希特（Bertolt Brecht, 1898-1956 年）：德國詩人暨劇作家。馬克思主義者，為文批判社會矛盾與納粹。他提出刻意打斷觀眾沉浸於戲劇的「陌生化」技巧，並以此聞名。引文出處：〈詩歌的壞時代〉（Schlechte Zeit Für Lyrik）。

人之將死，其言也善

「鳥之將死，其鳴也哀；
人之將死，其言也善。」——曾參

既有生，必有死，這是無法逃避的宿命。因為如此，眼前這一刻才顯得彌足珍貴且富有意義。

或許哲學、文學的誕生，也是起源於死亡這個無法預測的離別吧。死亡既是我們生命中必須面對的課題，卻也為我們增添了生命的深度。

尤其死亡降臨時，人們將開始看見過去不曾見過的景象。一心追求目標的人，在目標消失之際，才真正直面自我。那些過去被目標所遮蔽的珍貴事物，逐漸躍入眼簾。

所以，正如將死之鳥那哀戚的鳴叫，臨終之人亦必有大澈大悟之語。

當汲汲營營於外在的生命戛然而止時，隨之而來的空虛與悔恨或者安適與頓悟，對當事人乃至於留下的人，都有極其深刻的意義。

當然，並非臨終之人才能得到這般領悟，前提是認真看待死亡的人。這類人即使身體未達死亡的狀態，也能領悟生命的可貴。

想要學會認真看待死亡，應先求教於前哲先賢們探索這些問題的話語與文字，接著傾聽與我時代相近之人，在面對死亡時的內在聲音。如此一來，最終將可感受當前生命更大的價值與可貴。

曾參（西元前 506-436 年）：中國春秋時代學者。為孔子的弟子，戮力編纂《論語》。以行孝聞名，相傳《孝經》為其所作，至今未有定論。後人朱熹將孔子與曾參置於聖賢之列。引文出處：《論語》。

布萊希特寫出隱晦且令人不適的文字，曾參道出深刻思索生命與死亡的話語。接觸這些文字與話語，將可使我們的智慧越加精深淳厚。

看人文字，當激烈急切

「須是一棒一條痕，
一摑一掌血。
看人文字，要當如此，
豈可忽略。」——朱熹

如引文所見，過去儒生是如此激烈急切的讀書學習，朱熹甚至以決鬥比喻讀書。在攸關生死的決鬥中，我方的攻擊必須激烈急切。讀書亦是如此。讀書必須有所得，哪怕只是讀過一行文字，我們的生命也應當有相當程度的改變。

儒生如此激烈急切地讀書，原因在於他們眼中的閱讀不只是單純累積知識的途徑，而是進一步領悟生命意義的關卡。儒生們認為只有吃喝拉撒睡的生活毫無意義，生而為人，必須名垂青史，因此他們嘗試從書本中尋找道路。

讀書可以改變自我的生命意義。然而這裡必須注意的是，「激烈急切」指的不只是專注書本、努力誦讀的態度。努力誦讀得到的結果是倒背如流，而透過閱讀所要成就的結果是生命的變化。

讀書時必須專注的對象不是文字，而是我們自己。每一次的閱讀，都必須反觀自我生命與世界。此外，也必須慎選具有如此價值的作品。這是培養智慧的態度。

申榮福老師[1]曾說：

書一定要讀三次。首先讀內容，接著讀作者，最後讀正在閱讀的讀者自己。

所有作者都站在當代社會、歷史的基礎上，所以要閱讀作者。閱讀讀者自己也是一樣的。閱讀是新的誕生，是反覆上演作者之死與讀者之生的奔逃。[2]

1 一九四一—二〇一六年，韓國民主運動精神領袖。

2 摘自〈書三讀（서삼독）〉，收錄在《像第一次—申榮福的口頭之約（처음처럼-신영복의 언약）》，韓國：dolbegae出版，2017.02.02，無中譯本。

3 十六世紀末至十九世紀末。

朱熹（1130-1200 年）：中國宋代儒學者。在既有的儒學與道學之上，受佛教與道教影響，發展出性理學。死後在中國仍有極大影響力，尤其性理學在朝鮮定型為國家哲學，備受尊崇。朝鮮中期之後[3]的儒生，大多可看作是繼承朱熹的性理學者。引文出處：《朱子語類》。

解釋的任務是改變世界

「哲學家們只是用不同的方式解釋世界，
而問題在於改變世界。」——卡爾．馬克思

若要選出十九世紀最具影響力的人物，馬克思當仁不讓。馬克思批評此前的哲學家不過是眾聲喧譁地解釋世界，不過是以各自哲學的標準解釋這個世界的各種現象，卻不能更進一步發展。

表面看來，馬克思站在哲學的功能面否定哲學解釋，重視行動，不過並非如此。馬克思提倡的是「真正的」解釋。過去的哲學或許並非解釋，而是粉飾。歷來哲學家多是率領僕人的貴族、享受社會福利的既得利益者。他們絕大多數沒有非得改變世界不可的強烈意志，或許對他們而言，哲學不過是一個高尚的知識裝飾而已。

反之，馬克思極度憐憫社會弱勢者，對壓榨社會弱勢的統治階層深感憤怒。所以，他期盼的是能真正改變世界的解釋，而非粉飾現有世界的解釋。揭發社會的不合理，探詢其根本原因與解決之道，是馬克思哲學的使命。因此，馬克思的命題也可以置換為如下句式：

哲學家們只是以遊戲來解釋世界，而問題在於改變世界。

由此可見，想要改變，首要任務在於解釋。必須解釋目前情況、辨

卡爾．馬克思（Karl Marx，1818-1883 年）：德國哲學家暨經濟學家。撰寫《資本論》（Das Kapital）等書，分析資本主義社會不平等的現象及其原因。其思想被稱為馬克思主義，該思想對今日全球政治與學界影響極其深遠。引文出處：〈關於費爾巴哈的提綱〉（Thesen über Feuerbach）。

別是非，進而掌握問題的原因。正如治療病患時，必須先診斷症狀，找出病因。

說話亦是如此。想要改變自己，必須先審視自己說出的話語與內在的話語，提出解釋；同理，想要改變他人，或者想要改變他人的話語、與他人的關係，就必須先解釋自己與對方之間的話語。儘管解釋無法解決問題，卻也沒有不必解釋而能解決問題的方法。

別被話語禁錮

「被逐出話語的世界固然悲慘，
然而更加悲慘的是被話語的世界禁錮。」
——維吉尼亞．吳爾芙

根據韓國國立國語院標準國語大辭典的定義，「愛」是「男女之間思念或喜愛的心意及其行為」。定義中不使用「戀人」，而是限定「男女」，由此排除了同性戀。這是性少數者被逐出話語的世界的案例。

直到二〇〇〇年初為止，某些國家仍將「同性戀」定義為「同性之間的變態愛情」。除此之外，部分辭典也以「不自然的愛（unnatural love）」定義同性戀。這是性少數者被話語的世界禁錮的案例。

前者雖有問題，後者則更為嚴重。所以維吉尼亞．吳爾芙也說，被話語禁錮比被逐出話語更悲慘。然而兩者其實同等悲慘。被統治者能夠選擇的，只有像這樣被逐出話語的世界，或者被話語的世界禁錮。

綜觀歷史，統治階層掌控話語權，而被統治階層大多是文盲。當然，如今我們社會的文盲率相當低。然而統治者依然掌控話語權，而被統治者受話語支配。統治者創造語言、定義語言，而被統治者使用統治者創造的語言。

權力關係正是如此。上位者指鹿為馬，下位者同聲附和的現象，今日依然存在。只不過方式變得更隱晦、更純熟。手握實權的人支配語言，並藉此近一步鞏固實權，而被統治者學習並內化該語言。扭轉這種惡性循環的方法，也是解釋。解釋是弱者的武器，能搗毀話語的監牢。

維吉尼亞．吳爾芙（Virginia Woolf，1882-1941 年）：英國作家暨女性運動家。作品以現代主義及女性主義為題材的小說與隨筆為主，《自己的房間》是最具代表性的女性主義經典。引文出處：轉引自《女性主義的挑戰（페미니즘의 도전）》：鄭僖鎮（정희진）著，韓國教養人出版社 2013 年出版。。

推敲話語的前後

「吾有知乎哉？無知也。
有鄙夫問於我，空空如也，
我叩其兩端而竭焉。」——孔子

孔子雖貴為「孔子」，也並非通今博古，儘管如此，仍有許多人向孔子尋求諮詢與建言。被問到無法回答的問題時，孔子「叩其兩端」。所謂「叩其兩端」，是指衡量前後左右各種可能與見解，綜合分析後導出結論。

以前文提及的「愛情」為例，看見國語辭典將愛情定義為男女之事時，若是對性少數者不感興趣的人，只會匆匆讀過而未能察覺有異。反之，若是孔子，他將會從對錯兩端推敲該定義。在一一確認過與國語辭典不同的聲音後，決定自己的立場。

決定自己的立場，即是宣告自己「不願輕信眼前所見」，不根據有限的事實思考，能隨時提出疑問。這也是一種意志的表明，保證自己不盲目支持某一方，反而願意傾聽另一方的聲音，在多方涉獵各種看法後，歸納出自己的立場。

無論是說話還是傾聽，都應先確立論點。對他人的話語照單全收，並非擅長傾聽，而是必須懂得推敲話語的前後，掌握核心與論點，這是孔子的解釋方法。

我們需要的態度，是像孔子那樣不照單全收所聞所見，時時叩其兩端。唯有此時，智慧才得以成長。

第四階段

創意

讓話語更加新奇

這是個要求創意的時代。

然而填鴨式教育與上行下效的文化一日不除，

充滿創意的社會便遙遙無期。

單看過去因襲舊體制而僅接受新技術的「東道西器」[1]

以失敗告終，

便能了解。

儘管如此，人們仍渴望創意。

撇開整個社會不說，至少一部分人應該擁有創意，

如此才能改變個人，乃至於為世界帶來些許改變。

在語言方面，創新的話語也能吸引人心。

千篇一律的話語難以傳遞意義與真心。

話語的內容或形式必須追求創新。

1 東道西器是一八八〇年代由金允植、申箕善提倡的開化思想，主張在維護傳統制度與思想的前提下，吸收近代西方的技術。

你的內在有無限力量

「智識的平等是引領人類發展的共同根基，
也是人類社會存在的充分必要條件。
其實我們不知道人類是否平等，
只能說『或許』是平等的。那是我們的想法，
並且和像我們一樣相信這個想法的人們，
一起努力證明。但是我們知道，
人類社會因為這個『或許』而可能。」——賈克・洪席耶

洪席耶在現代經典《無知的大師：關於知識解放的五堂課》（Le Maître ignorant : Cinq leçons sur l'émancipation intellectuelle）中，為了論證「人類智識平等」這個具有爭議性的主張，引用了歷史上的一則故事。十九世紀魯汶大學的外籍教授雅各多（Joseph Jacotot）教授學生法語，然而問題是學生們完全不懂法語，雅各多也不會授課語言的荷蘭語。

雅各多所做的，只是提供學生簡單的教材，從旁看著學生們學習。然而令人驚訝的是，學生們竟逐漸說起一口流利的法語。從這個例子可知，教師不必單方面灌輸學生知識，只要激發學習的意志，也能達到教育的效果。洪席耶藉此力倡人與人之間不需要單方面的指導關係，也強調人類的智識平等令人驚訝。

當然，洪席耶的主張並不容易為人接受，因為在我們生活中經常能看見與雅各多主張不同的案例。這也是為何洪席耶為其主張貼上「或

賈克．洪席耶（Jacques Rancière, 1940-）：出生於阿爾及利亞的法國哲學家。傾向左派路線。現任職於巴黎第八大學，著有《無知的大師：關於知識解放的五堂課》等書。師從路易．阿圖塞，卻批判路易．阿圖塞哲學擁護智識的不平等，等於宣告兩人在理論上分道揚鑣。
引文出處：《無知的大師：關於知識解放的五堂課》。

許」的但書。智識事實上或許存在不平等，然而由於這些人相信智識平等，並持續為此付出努力，社會才得以進步。

洪席耶的主張之所以意義重大，與其說是論證智識的平等，毋寧說是發現智識平等的可能性。洪席耶亟欲證明的是，因為年少失學或者因為貧窮限制了讀書的機會，導致智識低落的說法，終究站不住腳。對於將自己智識低人一等歸咎於大環境的人，洪席耶的主張提供了理論上的希望與可能性的基礎。

要創造像雅各多案例一樣的知識奇蹟，必須先擺脫「我不行」、「我還差得遠」的想法，堅信自己無窮的創造力。單憑「信心」與「努力」，無法解釋或解決所有問題，不過也不必因此貶低其價值。想要讓知識飛躍成長，必須信賴自己無限的力量。在培養創意前，首先，相信自己。

心態改變，典範也將改變

「受一個新典範的指引，
科學家採用新的工具，注意到許多新的地方。
甚至更重要的是，在革命的過程中，
科學家用熟悉的工具
來注意一些他們以前所注意過的地方時，
他們會看到新而不同的東西。」——湯瑪斯·孔恩科學家群體看似絕對理性思考，然而科學哲學家孔恩並不這麼認為。大體而言，學術的發展建立在新的理論取代舊的理論，不過並非絕對如此。即使科學家發現A理論的反例，也不會立刻揚棄A理論。科學同樣是人參與其中的工作，站在科學家的立場，過去堅信的理論豈能輕易推翻。

科學的發展奠基於從根本上改變典範，而非藉由反例逐步建構。孔恩將這種「典範轉移（paradigm shift）」稱為科學革命，典範指的是「特定科學家群體所接受的整體信念」。

那麼，典範轉移的條件為何？第一、必須有違背既有理論的案例頻繁出現，使科學家群體內部形成危機。第二、必須出現能取代既有理論地位的替代理論。孔恩不僅僅以理性解釋科學的發展動力，他也關注科學家的心理。

即使科學是最理性的學問，也必須先從科學家的心理著手改變，這樣的主張相當有意思。所以如果缺乏接受的勇氣，即使有許多與自己既定觀點、主張相反的案例，也只是枉然；如果無意傾聽，即使有誰提出了新的方案，也沒有任何意義。

想要培養創意，必須先有革舊圖新的勇氣。放下堅持與抗拒，走向他人的想法與嶄新的事物。屆時，我們的思索與語言的典範將得以轉移。如此一來，一切將煥然一新。

湯瑪斯・孔恩（Thomas Kuhn，1922-1996 年）：美國科學哲學家。曾任普林斯頓大學教授，著有《科學革命的結構》等書。他創造「典範（paradigm）」及「常態科學（normal science）」、「不可通約性（incommensurability）」等概念，藉以說明科學發展的過程。引文出處：《科學革命的結構》（The Structure of Scientific Revolutions）。

「創新」不是一刀兩斷

「站在哲學的立場，事實上沒有任何東西無法復原。沒有所謂絕對的經典。今天許多哲學家從柏拉圖或萊布尼茲那裡發現的，也能從海德格或維根斯坦當中發現。這些發現儘管相似，卻是更有趣、更激勵人心的地方。」

——阿蘭・巴迪歐

對創意最大的誤解，就是認為非得與過去截然不同，認為唯有與過去一刀兩斷，才是創意。然而所謂的創意，不可能以這種方式誕生。創意源於從現狀向前邁出一步或內在的突破，而非全然斷絕。即使是天才，也不能完全忽視既有的一切。

自古以為哲學必須嶄新且不同以往，不過對於哲學家而言，一刀兩斷與轉變並不存在。好比海德格與維根斯坦獨創的哲學，也與柏拉圖、萊布尼茲的哲學有異曲同工之妙。為追求創新，他們反倒廣泛涉略、學習既有的思想。其實唯有如此，才能避免徒勞無功。千辛萬苦創造出「典範」的新概念，很可能就是名為孔恩的哲學家數十年前闡發的理論，不是嗎？所以想要培養創意，最有效的方法是以現有事物的缺點與特徵為墊腳石，謀求發展的契機。

說話也是如此。陳腔濫調無法感動他人。例如致詞時說「花開滿園

99 引文出處：《好戰份子的哲學（Philosophy for Militants）》。

的春天已來到」、自我介紹時說「我是一男一女當中的長女」，這些常見的話語毫無魅力。即便如此，為了更有創意地介紹自己而不顧原有的自我介紹，並非聰明的做法。從既有案例與方法中去蕪存菁，擇其善者而為之，其不善者而改之，才是明智之舉。

「嶄新」不是一刀兩斷。太陽底下沒有新鮮事。先從既有的方式開始吧。想要說出別出心裁的自我介紹或致辭，就去找出那些案例學習，並請放下非得標新立異的強迫心態，或者只想照抄了事的便宜心態吧。

移花接木也不失為一個辦法

「洋學如斯而有異，
如呪而無實。
然而運則一也，
道則同也，理則非也。」——崔濟愚

朝鮮半島有史以來，或許未曾有過一個思想能如此瞬間席捲整個國家，這裡要說的正是朝鮮末期的東學。東學是由慶州沒落兩班家庭出身的崔濟愚所開創的宗教，日後傳播至全國，引發歷代最大的農民抗爭。而繼承東學思想的天道教，在日本占據時期仍是朝鮮半島上勢力最龐大的宗教。

東學一舉吸引眾多信眾，並深深影響韓國的近現代史，不過崔濟愚的思想其實並非完全創新。這不是從無到有創造的思想。東學只不過是綜合既有的思想，移花接木後的產物。也就是揉合儒學、佛教、道教思想後，與當時號稱西學的天主教的優點結合。

崔濟愚以是否符合時代需要為取捨條件，從既有思想中兼收博採，尤其看中提倡平等的部分。僅憑如此，東學便足以成為當時人們眼中新穎且充滿魅力的思想。

崔濟愚的案例告訴我們，僅僅是綜合前人與移花接木，已足以誕生新的事物。在說話時，若能找出歷史上的典範並加以參考，必能有所幫助。將鮮為人知的外國案例或人文學的內容移花接木到說話上，也是不錯的方法。

崔濟愚（1824-1864 年）：韓國東學教主。出生於朝鮮末年沒落的兩班家庭，受到儒學、佛教、道教與西學的影響，創立東學。在進行傳教活動時，以妖言惑眾的罪名遭逮捕、處刑。為其伸冤的運動日後與民間叛亂結合，引發東學農民抗爭。東學為今日天道教所繼承。引文出處：《東經大全》。

過去為現在服務

「當歷史在我們自身的存在中
引入非連續性時，
歷史就成為『效果』史了。」——米歇爾・傅柯

從數年前開始，教育政策改將韓國史列入文組、理組的必修科目。在教師招聘考試等各種考試中，韓國史也是基本考科。不僅學校如此，在成人進修教育中，也大力強調歷史的重要性。然而別說是學習歷史的

人，就連編寫教材、出考題的人，似乎也沒有真正體認到非學歷史不可的原因。

我們來看看國家公務員考試的題目吧。區分琵琶形銅劍和櫛文土器製造的時代，究竟在今日有何意義？背誦日本帝國強占期皇國中央總商會與保安會的活動內容，對一般人有何幫助？這些專家們知道即可的知識，似乎不必非得放入通識或進修教育中。

傅柯說，學習歷史的目的不在於理解過去，而是為了改變看待現在的觀點，改變現實。學習歷史，將會發現今日視為理所當然的情形，在過去並非如此。此時，當前體制的連續性（亦即堅固性）將出現裂痕，改變現在的可能性就此形成。此外，洞察過去也能預測未來，掌握前進的方向。這是學習歷史的根本原因。

然而不顧這種目的，一味偏重背誦細枝末節的結果，後人將誤以為自己的歷史責任，只是默背歷史人物的生卒年、蓋紀念碑、復原舊宅，以及擴大舉辦追思活動。今日歷史教育無法培育具有主體意識的聰明公民，只是製造弔唁者。

這種歷史學習無法培養創意。如今，我們應嘗試將歷史中的情況、脈絡與今日連結，而非聚焦於細枝末節的瑣碎部分。舉例而言，學習崔濟愚與東學時，比起單純默背崔濟愚的思想與東學的形成過程，更應試著想像東學何以帶給當時人們極大的魅力、崔濟愚以何種話術說服人們，而今日又該如何在自己的專業中運用這些思考。

留意「空缺」

「一事件的基本本體論特徵，
就是它銘刻、命名處境中的空缺，
正是因為這個原因，它才成為一個事件。」
——阿蘭．巴迪歐

這裡概括以上阿蘭．巴迪歐的話：要成就一個「事件」，必須留意「空缺」。在任何方面，空缺一直是被隱蔽、被遮蓋的地方。空缺不僅是人們毫不在意的部分，更是主流刻意隱藏之處。直到為這塊天地命名、賦予意義而使其外顯時，它才會成為一個事件。事件是新的方式與體系的出現，有別於既有的一切。換言之，事件是創意的產物。例如談論宏觀與意義是近代現代主義的特徵，而在此關注相當於「空缺」的微觀與無意義，並以思想與藝術呈現的，則是後現代主義。

說話時，也必須注意空缺。若想以稱讚贏得對方的心，應試著發現其他人沒能看出的優點，給予稱讚。此時，對方將獲得前所未有的感受，並因此對我產生好感。批評也是如此。比起陳腔濫調的批評，找出對方空缺的部分，亦即對方過去極力逃避的問題，一語點醒對方，效果更好。

話語的表達方式與修辭固然重要，然而話語中的內容更為重要。學習說話技巧時經常強調創意，也是由於這個原因。內容充滿創意的話語，即使表達方式稍嫌笨拙，本身也足以打動對方的心；凸顯空缺的話語，即使形式稍嫌生硬，破壞力必定不容小覷。

109　引文出處：《倫理學：論惡的理解》。

書寫一變，分享再變

「傳聞所論四端七情之說。
鄙意於此，亦嘗自病其下語之未穩。
逮得砭駁，益知疎繆，
即改之云。」——李滉

引文為李滉寫給奇大升信中的一段。奇大升指出李滉理論的問題，李滉對此回應，由此展開史上著名的四端七情之辯。當時李滉已是邁入中年的大學者，而奇大升則是兒孫輩的新進學者。

即便如此，李滉並未輕視奇大升的批評，而是予以鄭重回覆。他甚至向奇大升致謝，接受部分批評，用於修正自身的理論。也因此，李滉的理論得以更加完善。

要讓想法富有創意，首先必須將自己的想法化為文字。說話時如果沒有錄音，無法回顧自己說過什麼話；不過以文字梳理想法，便能據此反省與思索。個人的想法與表達方式經過修正後，那也是另一種創意的產物。

書寫文字時，思路將在書寫的過程中自然而然理出頭緒。有時原本對某件事無條件反對，卻在書寫的同時發現自己竟轉向贊成的立場，這正是書寫的「妙趣」。書寫不單只是以文字呈現自己的想法，文字有時甚至會重新取代自己的想法。

李滉（1501-1570 年）：朝鮮時代性理學者，主張理氣二元論。李滉與士林晚輩奇大升的論辯廣為人知，他也與栗谷李珥、南冥曹植等人往來。儘管多次受命任官，仍立刻辭職，專事教育。引文出處：《論四端七情書》。

若能進一步與他人分享這些文字更好。因為藉由他人的評論，我們的想法與表達方式得以發展得更加完善。在書寫的過程中，我們的想法與表達方式將煥然一新；而在與他人分享文字的過程中，我們的想法與表達方式又將再度推陳出新。

第五階段

傾聽

實踐傾聽的方法

傾聽是真正進入話語學習的大門。
語言生活大致區分為說話與傾聽，
傾聽的重要性不亞於說話。
比起說話，
「成熟的傾聽」更能開啟對方的心。
我們對善於傾聽的人敞開心房，
而非口若懸河的人。

其實懂得傾聽才能善於說話。
因為深入傾聽，才能理解對方。
在理解對方的基礎之上，
方能建構我精闢獨到的話語。
傾聽也是自我保護的最前線。
罪由口造，禍由耳入。
在眾口悠悠的洪流中善於傾聽，
才能同時兼顧自我成長與自我保護。
是從外界獲得成長的動力，
抑或是罔顧他人嚴厲的話語，
終歸由我的耳朵決定。

真誠的傾聽，才能得到真誠的心聲

「將欲歙之，必固張之，
……
將欲奪之，必固與之。
是謂微明，柔弱勝剛　。」——老子

對話是說話與傾聽的配合。人們常以為善於說話重要，不過善於傾聽更重要。除了面試等特殊狀況外，對話中的關鍵當然是傾聽。以善於傾聽自居的人，必定是位於關係核心的人。

儘管我們渴望營造談笑風生的形象，然而仔細想想，我們期待遇見的人，其實是樂於傾聽我們說話的人。這是因為每個人的說話欲望遠比傾聽強烈。好比在市場行銷上，精準掌握消費者的欲望才能贏得勝利，對話時充分掌握對方的說話欲望，傾聽對方發言的人，必定充滿魅力。

老子所言並非義務，而是謀略。想贏得對方的心，必須先使對方敞開心房。關心對方，使對方感到溫暖自在，才能使對方開誠布公地吐露心聲。當對方吐露心聲時，代表我已經開始得到對方的心。

將欲奪之，必固與之，這句話很有道理。必須先獻出我的耳朵，才能奪取對方的話語，贏得對方的心。我願意傾聽多少，對方自然願意說出多少。當我專注於傾聽時，對方也專注於說話；當我付出真心傾聽時，對方也付出真心說話。

 引文出處：《老子》。

當傾聽勝於說話時，聽者將贏得對方的真心，而非話者得勝。以能言善辯贏得對方的心，是剛強的技巧；以善於傾聽贏得對方的心，是柔軟的技巧。在強者彼此競爭的世界，選擇柔軟才是「獲利之道」。以老子的話來說，便是「大智若愚」。

務必全心全意投入對話

「心不在焉，視而不見，
聽而不聞，食而不知其味。」——《大學》

一般人以為傾聽相當容易，其實不然。傾聽也需要努力學習。首先，必須戰勝內在說話的欲望。善辯家故前總統金大中便將傾聽視為關係的祕訣。

學生時代的他有個壞習慣：無法長時間聆聽他人說話。由於見多識廣，又能言善辯，他經常從中打斷對方的發言，陳述自己的意見。

為了改掉這個習慣，金大中學著沉默。不僅是在書桌前，在家中廁所牆壁與手表鏡面上，他也貼上親筆寫下的「沉默」二字，時時警惕。經過這番努力，終於學會了傾聽。政治圈可謂人際關係的極惡之地，然而他能在政治圈中登上總統寶座，其關係的祕訣正是「傾聽」。

然而沉默並非傾聽的全部。良好的傾聽必須是沉著、從容、專注地聆聽對方的話語，並且恰如其分地做出適當的回應，而解釋對方意圖與心思的技巧與眼光，同樣不可或缺。為達此目的，必須不斷訓練。

「用心傾聽」的意思，是指全心全意投入對方的話語中。若非如此，也只是充耳不聞。聽著對方的話，心裡卻只想著自己接下來要說的話，那不是真正的傾聽，而是「假裝」傾聽而已。那時我們所聽見的只有字面意思，無法讀出對方的心意，有時甚至連字面意思也無法理解。

《大學》：四書五經中的一部。成書年代據推測為西元前五世紀至四世紀，作者不詳。由儒生集體撰寫的可能性較大。自韓國三國時代[1]傳入韓國，至今仍廣受閱讀。「修身齊家治國平天下」一句也出自《大學》。引文出處：《大學》。

1 西元前一世紀至西元七世紀。

真誠應對發話者的情緒

「至人之用心若鏡，
不將不迎，應而不藏，
故能勝物而不傷。」——莊子

想要贏得對方的心，必須善於傾聽。在對方傾吐煩惱時，不必立刻給予回應，先保持沉默傾聽即可。有時單純的傾聽，某種程度便能化解心中的疙瘩。

聽聽莊子怎麼說。「至人」是莊子夢寐以求的自由人格，他說「至人之用心若鏡」。悲傷時，毫無保留地盡情悲傷；喜悅時，也毫無保留地盡情喜悅，正如鏡子真實呈現事物的形象，而在事物離開後，殘像也立刻消失。用心也應當如此。

傾聽也應效法鏡子。傾聽並非只是保持沉默，也包含了給予對方話語適當的回應、眼神與身體動作。唯有如此，對方才能感受到我真心專注於傾聽。所謂「傾聽若鏡」，指的正是真實映照出對方的模樣。

我們必須透過鏡子才能看見自己的臉龐，而傾聽正是讓自己成為對方的鏡子，映照出對方的情緒與身處的情況。透過這個方式，一來能啟發對方發現自己也未能察覺的情緒。在情緒紛亂複雜的情況下，更應當如此。傾聽使對方吐露自己的心聲，在此過程中看見自己未能梳理的情緒。

二來能使對方客觀看待自己身處的情況。「不識廬山真面目，只緣身在此山中」，任何人都不容易客觀看待自己。此時簡單的提問與總結情況，便能引導對方直面自己。在諮商心理學中，將「傾聽若鏡」稱為「鏡像效應（Mirror Effect）」。

只是必須注意的是，回應不可流於建議或忠告。滿布灰塵的鏡子無法映照出完整的事物。傾聽不是從上而下的關係，而是先掃除自己內心的灰塵，謙虛聆聽對方說話的態度。

莊子（西元前369-289年）：中國戰國時代哲學家，與老子並稱老莊思想或道家哲學。他諷刺儒家規範與國家主義，歌詠個人的自由。《論語》、《孟子》為對話體散文，而《莊子》主要收錄寓言形式的故事。引文出處：《莊子》。

理解與誤解並存

「嚴格的理解，是指精準接收理解與誤解，
而在話語的兩個面向中，
全力朝向理解前進。」——施萊爾馬赫

百分之百理解他人是可能的嗎？施萊爾馬赫認為不可能。想要完全理解他人，必須先拋棄自己原本的思考方式與觀點，而這談何容易。因此對他人的理解，最終必然伴隨著一定程度的誤解。

有些人擔心這點而逃避理解他人，不願在劃定好的界線之外與他人親近。尤其曾經被親信深深傷害過的人，更是如此。

然而關係也只能是理解與誤解的結合，因為關係必然伴隨著誤解。既然如此，比起極力逃避誤解，最好果斷接受誤解存在的可能。唯有如此，才能真正走向他人。

矛盾的是，傾聽始於對誤解的認同。不試著理解對方，只是聆聽對方的話語，不做判斷與理解，這反倒不是體貼，而是逃避。必須再次強調，傾聽不只是聆聽的行為，而是耳朵與真心的全神貫注。心不在焉也並非傾聽。

當然，刻意的曲解是例外。施萊爾馬赫自己也無法完全認同誤解，只是他希望人們在傾聽之前，先別害怕誤解。他要向人們呼籲：理解必然伴隨著誤解，別想逃避或粉飾，光明正大地面對誤解吧。

施萊爾馬赫（Friedrich Schleiermacher，1768-183 年）：德國神學家，被稱為近代神學之父。曾任柏林大學教授。反駁當代知識份子對宗教的批判，致力於以神學將宗教系統化。對詮釋學影響深遠。引文出處：《詮釋學與批評（Hermeneutics and Criticism: And Other Writings）》。

決勝點是掌握對話間的弦外之音

「讀書，須是看他那縫罅處，
方尋得道理透澈。
若不見得縫罅，
無由入得。
看見縫罅時，脈絡自開。」——朱熹

上段引文雖與讀書方法有關，亦可適用於傾聽。傾聽時，必須聽那話裡行間的隱喻，不可貿然接受話語字面上的意思。任誰都有想要隱瞞、難以啟齒的部分。因此，對方的話語並非真正的本意。

例如某人說「我這人很親切」，我們能夠客觀認定的並非「那個人很親切」，而是「那個人想告訴別人自己很親切」。至於他是否真的親切，那是以後的問題了。

話語的本意必須從話裡行間掌握。我們必須思考的問題，是當事人說自己親切的原因和背景為何，也必須進一步了解他的人格與行為舉止。所以「看他那縫罅處」，正代表全面掌握話裡行間的脈絡，如此一來，話語的道理（亦即話語的本意）才會在我們面前顯現出來。這是朱熹所說的「聽他那縫罅處」的傾聽方法。

只是過與不及都不應該。分析話語的脈絡固然應當，不過因此變得疑神疑鬼的態度並不好。當我們過於刻意探查對方的意圖時，對方將有

127 引文出處：《朱子語類》。

所察覺而就此保持沉默。無論如何，答案最終在於「恰到好處」。態度必須合時合宜，程度也必須恰到好處。

不要抗拒議論我的人

「凡今天下之論議我者，
苟能取以為善，
皆是砥礪切磋我也，
則在我無非警惕修省進德之地矣。
昔人謂『攻吾之短者是吾師』，
師又可惡乎？」——王守仁

一句話帶來的傷害超乎想像。他人對我無憑無據的責難，因為毫無根據而令人心痛；他人對我有理有據的批評，也因為理由充分而令人悲傷。如果能遠離這種狀況最好，然而只要與他人有任何關係，就無可逃避。由此看來，比起極力逃避，不如盡可能減少這些責難與批評帶來的傷害，並進而將此轉向對我有利的方向。

在責難與批評中，王守仁關注的是後者。王守仁說，他人對我的攻擊，反倒能砥礪切磋我。當然，前提必須是「對我有用的忠告」。無憑無據的責難並未包含在王守仁的話中。儘管稱讚也能鼓勵我們，但是再沒有像批評一樣，能傷人至深又激勵人成長的話語了。

如果對方引論失當，置之不理亦無妨，不過要是自己也認同該批判正中缺點，恐怕就無法充耳不聞。此時，我們內心將浮現各種情緒並相互對抗，例如願意努力改過的決心、對他人看出我缺點的感恩之心、不願承認缺點的反感與憤怒、羞恥。

要在這當中採納何種情緒，是個人的選擇。王守仁選擇了前者。論議我的人，皆是指出我的短處、砥礪我成長的人。若能進一步將對方視為老師，那必然是值得感謝的對象，而非可惡之人。

王守仁（1472-1528 年）：中國明代哲學家。批判朱熹性理學，開創重視內在修養的陽明學。在韓國，由朴殷植、鄭寅普等人繼承為江華學派，尊崇陽明學。引文出處：《傳習錄》。

不必在意他人的詆毀

「假設有人報告你說某個人說你的壞話，這個消息被報告了，如果它不被報告，你就不會受到損害。

我看到我的孩子生病了，我看到了，但我並沒有看到他是在危險之中。

如此始終聽從最初的現象，不從內心對你增加任何東西，那麼你身上就不會發生什麼了。」——馬可・奧理略輾轉聽見某人四處說我壞話時，內心深處總會升起一股怒火。然而這句話陳述的不過是一個客觀中立的事實——某人正在說我壞話。在這句話中，並未包含我必須生氣，或者我因為壞話蒙受損失的內容。

正如看見孩子生病，我們只知道孩子生病的事實，無法斷定孩子處於危險之中。因此馬可．奧理略建議，聽見關於自己的負面消息時，只要聽從話語最初的現象，不必添加其他看法。某人對我言語攻擊時，如果言之有理，只要虛心接受即可。即使對方佯裝關心我，實則破壞我心情的意圖相當明顯，也沒有必要隨之起舞。

所言屬實則接受，意圖不軌則忽視。無憑無據的中傷與陰謀，最好置之不理。即便那些話中可能帶有對我的侮辱、責難，我也沒有必要因此感到難過。那些話就任憑它自生自滅吧。這才是保護自己免受他人攻擊的態度。

馬可．奧理略（Marcus Aurelius，121-180 年）：羅馬帝國第十六世皇帝暨斯多噶學派哲學家。儘管多數時間在戰場上度過，征戰之餘仍喜愛閱讀與沉思。重視順應自然的生命與理性思考，其想法收錄於著作《沉思錄》中。引文出處：《沉思錄》。

第六階段

提問

善於提問與回答的方法

常說我們社會是「不懂得提問的社會」。
不過更準確來說，不是不懂得提問，
而是社會上的提問權偏向某一方。
在職場上，前輩主導提問；
在校園內，教師主導提問；
在日常中，長輩主導提問。
是一種上問下答的結構。
更別說上位者的提問，
與其說是提問，不如說是接近疑問句的命令。

我們的目標，是一個存在大量提問、真正提問的社會。
大量提問將帶來何種改變？
至少那會是存在提問的社會。
存在提問的社會如流水般富有生機。
因為提問即是變化的種子，
使溝通持續發生。

沒有問題，就沒有改變

「諸公近見時，少疑問，何也？人不用功，莫不自以為已知為學，只循而行之是矣。」——王守仁

王守仁斥責弟子的原因，在於弟子們不願提問。提問是源於對現狀不滿的飢渴，所以沒有疑問代表滿足於現狀。此時，人們以為自己所知即為全部，並且完全正確，於是只願意在這個範圍內思考、行動。

然而懂得懷疑，才能發現問題；發現問題，才能予以修正、發展。對於自身的知識、身處的情況、所面對的一切，必須不斷抱持疑問並提出問題。若非如此，今日無異於明日。不願提問卻期待改變，這種想法是不切實際的。

問題意識是改變的濫觴。多虧前人對理所當然的事實提出深刻的疑問，世界才能發展至今日的模樣。泰利斯（Thales）被稱為西洋學問之祖，不過其實他所留下的貢獻，幾乎只有一句「水是萬物本原」的不科學主張。儘管如此，他在哲學史上仍占有一席之地，原因就在於他是最早提出疑問的人。儘管答案並不完美，他的問題卻因此帶動後續接二連三的提問，哲學因此誕生，科學也由此誕生。

任何一門學問，無論是善於提問抑或是善於解答，只要做好其中一項，便有其意義。一般認為提出問題後，也必須找出問題的答案，其實

139 引文出處：《傳習錄》。

並非如此。光是提出好的問題，就有充分的價值。因為得先丟出問題，日後才有一步步尋找解答的可能。人們經常以為好發問的人是一味反對的人，往往要求他們找出答案，因而導致我們社會缺乏提問。這個認知必須優先改變才行。

沒有「本該如此」、「無法改變」的傳統

「不具有典範性的傳承史實，
僅僅能成為傳統的存在，而不能成為經典的存在。
經典是一種歷史的努力，
作為文化權威活躍於今日。」——崔益翰

崔益翰是活躍於日據時期的儒生，也是獨立鬥士。從事獨立運動這類與危險為伍的社會行動，需要堅定的勇氣，而賦予他們勇氣的是理

論，是信念。所以當時獨立鬥士們選擇寄託於天道教、大倧教、基督教與佛教等宗教的力量，或是立基於社會主義、民族主義與民主主義等理念。

其中，崔益翰站在儒學的傳統理念上，夢想建立大同社會。儘管如此，崔益翰並非盲目因循過去之人，他特別區分出「傳統的存在」與「經典的存在」。

根據其主張，經典雖是傳統，然而傳統並非經典。傳統只是經年累月的事物，而經典是歷史悠久且在現代仍具有典範性的準則。歲月再怎麼悠久的事物，如果它在今日不具有任何意義，理所當然必須丟棄。沒有意義的傳統是死去的傳統，死去的東西收藏於博物館即可。

因此，以「本該如此」、「史無前例」等說法，將歷史一概視為典範的所有努力，都必須被廢除。歲月悠久不代表必須保護，而是更要抱持懷疑、尋求改變。對一切事物提出疑問吧！對過去被視為理所當然的事物抱持懷疑，才能帶來改變與發展。

崔益翰（1897- ？）：韓國近代思想家暨抗日運動家。嘗試將傳統儒學與馬克思主義結合。韓國解放後與呂運亨[1]謀求左右合作[2]，失敗後遁入北韓。引文出處：刊載於1939年《東亞日報》的投書〈探究傳統的現代意義〉。

1 一八八六—一九四七年，韓國獨立運動家。
2 一九四五年韓國解放後，為建立新政府而推動左翼、右翼合作的運動。

提問能改變視角

「我經常關心的是使他人保持其客觀性，
而我與對象—他人的關係本質上
是由旨在使其保持為對象的詭計所造成的。
但是他人的注視足以使這一切詭計消失，
足以使我重新體驗到他人的變形。」——尚—保羅．沙特

沙特將人與人之間的本質定義為矛盾關係。雖然和諧與合作不無可

能，不過發生衝突在所難免。因為壓抑我的自由與權力的，正是他人。沒有他人，我便可隨心所欲，而他人卻帶來阻礙。

在人際關係中，衝突的最前線正是「視角」。當我看見他人時，我是主體，他人是客體；反之，他人看見我時，我是客體。而在彼此互相注視時，便處於主體與客體不斷變換的平等對立關係。所以掌握權力的人，無不希望獨占視角。假設某人正監視著我，我看不見對方，他卻能觀察我，此時權力在他手上。中文有句「察言觀色」，這個詞也適用於這種情況。弱者自然得多看強者的臉色。

提問也與視角類似。正如觀看者掌握權力一樣，提問者也擁有權力。被問到問題的人，無論如何都得回答。然而逃避問題也是回答的一

尚—保羅・沙特（Jean-Paul Sartre，1905-1980 年）：法國哲學家暨小說家。開創存在主義哲學。曾獲得諾貝爾文學獎，因認為諾貝爾文學獎過於偏頗而拒絕領獎。詩人金芝河[1]於朴正熙政權時代遭判處死刑時，沙特也曾公開聲援。引文出處：《存在與虛無》（L'Être et le néant : Essai d'ontologie phénoménologique）。

1 一九四一—，韓國愛國詩人

種方式，看穿這種好處的掌權者，自然連視角與提問都想獨占。

職場上的位置安排，通常是利於管理者觀察一般職員，而一般職員不易觀察管理者。一般教師進入校長室需徵得同意，而校長隨時都能走進教師辦公室觀察教師。提問亦是如此，主要是上位者提問，下位者回答。想像一下面試的場景，便能立刻了解。

然而正是因為如此，權力的翻轉也變得可能。即使是上位者，也無法時時刻刻觀看或提問；教授站在講台上，也不得不看學生的臉色。被問到問題時，上位者同樣感到緊張。隨著視角與提問的位置改變，權力短暫發生改變。因此弱者必須不斷提問，藉此監督權力，從而改變世界。

不要咄咄逼人

「挫其銳，解其紛；
和其光，同其塵。」——老子

提問是維持權力的手段，同時也是翻轉權力的工具。若是如此，提問的態度與內容也必須依照自身的位置和情況有所改變。如果我是上位者，我對下位者的提問本身就是壓力，下位者必然對此提問感到緊張、恐懼。此時，提問已非溝通的手段，而是命令與考核。這樣的提問無法帶來改變與發展，只是使下位者再次確認彼此的權力關係。

因此，上位者的提問態度與內容必須溫和。如老子所言，必須達到挫其銳的程度。唯有如此，接受提問者才能放下負擔，無拘無束地陳述自己的意見。

不只是上位者與下位者的關係如此。在朋友與情侶等水平關係中，亦是如此。有些人的提問相當尖銳，比方「為什麼？」「原因是什麼？」「所以呢？」這類提問是追究的、無理的、審問犯人般的。相較於此，顧慮對方立場的貼心提問，像是「我的想法是這樣，所以結果應該是那樣，對嗎？」「你怎麼看呢？」，才能使對方開口回應，也才能創造有所突破的對話。

引文出處：《老子》。

處處皆需適當的距離

「其實，只有當我們注視藝術時，
只有最初表現為一種純粹呼喚，一樣存在的需要時，
藝術才存在。……
作家不應該企求控制讀者的情緒，
否則作家就自相矛盾；
如果作家有所要求，
他就必須只提出那需要完成的工作。

因此，他必須對藝術品保持距離。
這就是葛紀葉可笑地與『為藝術而藝術』混為一談的東西，
也是高蹈派與所謂藝術家的冷靜混為一談的東西。」
——尚－保羅．沙特

盡可能不帶有意圖地提問，也是善於提問的方法。意思是提問時，最好意圖別表現得太明顯。

近來流行的「答定你（「答案已經決定，你只要回答就好」的簡稱）」，正是直截了當表露意圖的範例。目的明確的提問，也容易流於審問。其實在審問時，也並非立刻威嚇施壓，逼迫犯人回答。旁敲側擊也是審問的技巧之一。

除了特殊情況外，提問時最好盡可能溫和，不過度表露提問的意圖。想與對方親近時，也應避免過度表現好感與關心的提問，因為這一樣會造成對方壓力。不過度表露意圖，也不因此說話拐彎抹角，找出恰到好處的平衡點，其實並不容易。要達到這樣的目標，同樣需要學習與訓練。

沙特似乎也有過類似的煩惱。他曾思考過作家應有的態度，建議作家不能總想帶給讀者衝擊。目的過於明確，以至於近似命令的作品，容易造成讀者壓力而遭到抗拒。為達到某種目的而書寫，卻反而不被讀者接受，那麼書寫的目的也只是枉然。

即便如此，漫無目的寫下的作品是空虛的，那僅僅是語言的遊戲。沙特提出「純粹呼喚」一詞，作為作家值得學習的態度。作家只需要提示某些線索，並與讀者保持適當的距離，便能達成書寫的目的。

如何找出明確目的與索然無味之間最恰當的分寸，不止是作家才會

151 引文出處：《沙特文學論（What is Literature?）》。

有的煩惱。在我們的生命中，如果也能效法「純粹呼喚」來提出疑問，想必會是不錯的。

提問始於對對方的信任

「認定這個人值得信賴時；
或者認定對方並非利用自己做生意，
而是有意參與自己的人生時；
或者發現對方與其說是企圖影響自己，
不如說是想讓自己再三確認時，
學生將開始提問。」——馬丁．布伯

我們的提問固然重要，然而引導對方提問也同等重要。我再怎麼善於提問，如果對方只以簡答方式回答，那樣的對話也不過是形塑或驗證權力關係而已。提問必須你來我往，毫無拘束，而這建立於信任存在的前提下。

想要贏得對方的信任，必須先讓對方認知到我並未將他視為營利的對象，而是有意參與他的人生，與他並肩作戰。當我尊重對方的生活方式，不勉強對方接受我的方法，不影響對方時，才有可能成功。

面對毫無遮掩透過提問謀求利益的人、總以忠告或建議回應提問的人、只管發言而不顧他人的人，任誰都不會想提問。甚至有些上司滿口「歡迎提問」，真正被問到問題時，卻天南地北評論起提問的內容。那麼下屬寧可選擇沉默，也不願意因為提問而被指責。

我們必須成為善於提問，同時也善於接受提問的人。提問的往來，使整個集體與個人的生命更加精彩。彼此詢問未知的事物，使知識獲得發展；透過互相詢問與協助，關係更加親密。當權力關係趨於緩和時，即可促成更水平的、更有效率的對話與討論。提問像這樣在各方面皆具有強大的力量。

在《提問的七大力量（The 7 Powers of Questions）》（桃樂絲・里茲（Dorothy Leeds）著，無中譯本）一書中，整理出提問的七大功能：

提問獲得答案；提問激發思考；提問獲得資訊；提問使我們受控；提問使人敞開心房；提問引導傾聽；提問使人們說服自己。

這些力量並非提問的人才擁有，接受提問的人與提問往來暢通的群

155 引文出處：《教育講論集》。

體，也能獲得同等的效果。唯有接受提問，才會出現答案；接受提問時，也將開始思考。提問的往來，促進整個集體形成答案，唯有如此，內部成員也才會開始思考。

叔本華口中的利己話術

「如果我們想要製造某種結論，
……切勿以井然有序到有利於從中看出結論的方法提問，
而應以混亂的方式提問。
如此一來，對方便無法事先看出結果，從而也無法預防。
另一方面，視對方回答的實際內容，
我們也可以利用對方的答案，
得出不同甚或完全相反的結論。」——叔本華叔本華介紹的方法，是即使用卑鄙的手段，也要在吵架中獲勝。叔本華認為倫理學是追尋合理正確的真理的道路，而辯論術無關善惡是非，只是辯論中為求獲勝的手段。叔本華提出三十八種辯論術，其中一個正是上述引文。

叔本華建議，如果是非贏過對方不可的情況，最好盡可能以混亂的方式提問，而非井然有序地提問，讓對方從中看出結論。這個策略是不給對方思索的空檔，在對方回答的瞬間，立刻丟出新的問題。那麼對方至少會答錯一個問題，那時再緊咬這個錯誤的答案，將對方推入困境之中。

包含上述引文在內，叔本華提出的辯論術全是狠毒的招式。例如針對弱點窮追猛打、偷偷放進未經證明的假前提、擴大解釋對方的主張、提出挑釁問題、隱藏的循環論證、自我宣稱勝利，再不行就人身攻擊吧……。

以上內容皆收錄於《叔本華的辯論藝術》（Die Kunst, Recht zu behalten）一書中。叔本華撰寫該書的原因大致有三點：第一、為了提出在無論如何都得獲勝的情況下，可以贏過對方的方法。

第二、羅列、分析實際辯論中可能使用的所有卑鄙技巧，由此反倒能奠定對抗這些技巧的基礎，這是為了戰勝卑鄙而學習如何卑鄙。

第三、為了呈現人類如何卑鄙與醜惡。雖說辯論是為了溝通與發展，不過參與辯論者的真正目的只有獲勝。針對這點，叔本華認為即便如此，也別刻意隱藏這個目的，佯裝善良。

那麼，我們該如何運用叔本華的辯論術？它既可以依樣畫葫蘆，也可以反過來作為反擊這種辯論術的學習資料，又能當作看穿人類醜惡面

叔本華（Schopenhauer，1788-1860 年）：德國哲學家。充滿悲觀主義色彩，也吸收佛教等印度哲學。為人怪異，留下許多軼事。對尼采影響極大。其代表作《作為意志與表象的世界》（新雨 2016 年出版），揚棄過去西方哲學的核心概念「理性」，而以「意志」解釋世界。引文出處：《叔本華的辯論藝術》。

貌的機會。如何從中做出選擇，是讀者的責任。不過別忘了，毒蛇喝水能造出蛇毒，而乳牛喝水能造出牛奶。

第七階段

話術

說話的技術

這裡想來談談

如何更善於說話的具體方法。

就像樹枝的根本在於樹根，從善於說話的基本原則中，

又能衍生出各種話術。

沒有穩紮穩打的基礎，
徒有華麗的話術，
不久後必定原形畢露。

先培養說話的原則，再出奇制勝

「凡戰者，以正合，以奇勝。」——孫子

上段引文為東亞第一部兵法書《孫子兵法》中介紹的兵法之一。出面迎戰不如堅固防守、處於弱勢則避免正面對決、物資調度務求暢通等，皆是戰爭時必須遵守的基本原則。無視這些正規戰術，連上戰場都有困難，更遑論取得勝利。

善於說話也有正規戰術，例如三思而語、不打誑語、易地而語等。然而多數人未徹底遵守也是事實。在經常違背原則的社會，僅僅是遵守原則的行為，便已高於一般水準。我們的語言生活，必須遵循原則步上正軌才行。

即使遭遇奇招，正規戰術也依然有效。當對方違反原則說出意料之外的話語時，不必隨之起舞，以原則回應才是正確之道。甚至對方無故滋事，以話語刺激我們時，也是如此。淡然處之即可。

戰爭必定是你死我活、非勝即敗，因此必須彈性運用正規戰術與奇招妙策，不過對話的目的不在於分出輸贏高下，大可不必過度在意奇招妙策。

當然在對話中，正規戰術並非全部。孫子也說：「以奇勝。」然而出神入化地使用奇招妙策，並非一蹴可幾。首先必須致力於遵守原則，

孫子（西元前545-470年）：中國春秋時代兵家。其《孫子兵法》為東亞第一部兵法書。精通理論，亦擅長作戰，任吳國軍事大將並立下多場戰功。《孫子兵法》不僅是本兵法書，書中亦多有對政治、人生幫助極大的格言。引文出處：《孫子兵法》。

之後才能逐步提升臨機應變的能力。先有餘力，才有奇招。先遵守好原則，再培養餘力吧。

適當的表達情緒，是高手的話術

「喜怒哀樂之未發謂之『中』，發而皆中節謂之『和』。」——子思

中庸是儒家的理想。「中」與「和」合稱「中和」，視為中庸的同義詞亦無妨。中庸是指情緒的表現適中合度。該生氣時生氣，該悲傷時悲傷，稱為「中節」。一味壓抑、忍耐情緒，是庸人的中庸；適時適地表達適度的情緒，是高手的中庸。

正如〈第一階段：修養〉所見，適當管理情緒是第一要務，不過這並非要求克制情緒。所謂管理情緒，是指紓解內與外的情緒。如果說紓解內在情緒是冥想與靜觀，那麼向外表現情緒便是中庸。套用在說話上，即是「中庸話術」。所謂中庸話術，是改掉不吐不快或無條件忍讓的說話習慣，以適時適地的合適話語表現自我情緒。

在不該生氣的情況下生氣，那是個人的問題，然而在真正該生氣的情況一再發生時，確實難以按捺心中的怒火。此時，應委婉告訴對方自己正在生氣的事實。這對個人的精神健康與關係維持也有好處。

當然，大發脾氣或過度壓抑都不好。最有智慧的方法，是忠實表現自己感受到的情緒，並且向對方說明這在常理上是絕對可以生氣的情況。

不僅生氣時如此，對話也需要情緒的互動，好比手掌互拍而發出聲響一樣。對悲傷的消息表現出悲傷的反應，對令人喜悅的事情適當表達喜悅的情緒，是關係與對話的基本態度。這個世界上，想必沒有人會想與麻木不仁，對任何話都沒有反應的人對話吧。

子思（西元前 492-431 年）：中國春秋時代哲學家。為孔子之孫，繼承並發揚孔子哲學。著有《中庸》。曾任魯穆公的老師，並參與部分政治活動。一般認為孟子是子思一脈的人物。引文出處：《中庸》。

不要自以為是的給人忠告

「此事難言，借他事隱諷之；
今日不悟，俟來日再警之；
如春風解凍、
如和氣消冰。」——洪自誠

除了特殊情況外，平時應常保口氣溫和。所謂特殊情況，好比身處公領域之中，當記者提問時、當政治人物辯論時、當市民集會時，不必非得溫和順從。有時強烈且明確地表達個人意見，效果更好。

在日常生活中，最重要的是口氣溫和。想說的話只要明確傳達即可，表達方式與口氣則務必溫和。口氣過於尖銳或生硬，聽起來當然刺耳。在給予忠告或建議時，這種口氣更是糟糕。當事人或許沾沾自喜，以為是為對方忠言逆耳，然而對方卻可能倍感受傷。逆耳忠言必須在對方願意接受的情況下使用。若非如此，只會引起反感。

只要不是對方主動要求，最好盡可能避免忠告。忠告的目的如果是為了使對方難堪，那無可厚非，如果不是，最好克制。多數人已經知道自己的問題所在，不必非得強迫他們再次面對。

當對方要求建議時，也應盡可能溫和，避免傷害對方的心。溫柔平靜的話語，一如三月春風溶化整個冬季累積的雪。

洪自誠（生卒年不詳）：明代思想家。雖然未留下關於他的詳細紀錄，不過據傳他不曾入仕，唯潛心修養與學習。著有《菜根譚》。該書是揉合儒家、佛教、道教精髓的箴言集。引文出處：《菜根譚》。

自以為無所不知，才是最大的無知

「這種無知，亦即不知道而以為自己知道，肯定是最應受到懲罰的無知。」——蘇格拉底

對話中產生的問題，大多源於無知。例如對他人的無知、對關係的無知、對情緒的無知、對情況的無知、對話語的無知、對談話主題的無知等。如果無知卻又誤以為自己無所不知，問題將更嚴重。

一無所知的人，反倒沒有太大的問題。因為他明白自己無知，不會急著出頭。這種人只能謙虛辭讓。問題是所知甚淺，卻又自命非凡，以為自己洞見一切的人。這類人惹是生非，反而造成他人的傷害。

那麼說話的先決條件，是具備全知的能力嗎？不是的。這個世界上沒有人全知全能。如果無所不知才能發言，那麼所有人都必須保持沉默。我們真正需要的，是認同與接受自己無法全知全能的謙虛，以及不斷努力追求全知全能的態度。

謙虛並非想方設法表現出來的態度，而是因為不得不謙虛而表現謙虛。明白自己的無知，口氣自然變得謙虛。比起命令、批判與高談闊論，規勸、建議與用心傾聽才是更謙虛的語言。

想要破除自己的無知，最重要的是邏輯論述的練習。因為無知的言論大多缺乏邏輯。習慣了說話符合邏輯後，偶爾會有忽然語塞的時刻。此時便有了自我反省的機會：「原來我現在還沒弄明白，卻還說得自信

蘇格拉底（Socrates，西元前469-399年）：古希臘雅典的哲學家。利用其獨特的問答方法「反詰法」，凸顯當代知識份子的無知。其思想建立於絕對的真理與倫理之上。弟子柏拉圖等人，將其問答編為《蘇格拉底對話集》。一般認為「惡法亦法」是蘇格拉底留下的名言，不過事實並非如此。引文出處：〈申辯篇〉。

滿滿的呀！」

蘇格拉底獨特的對話法，也是以謙虛與邏輯為核心。蘇格拉底是願意坦承自己無知的謙虛哲學家，也以邏輯縝密的言論啟迪人們的無知。

贊同與理解不同

「皆是皆非。」——元曉

若要解釋上述引文中元曉的話，必須先了解「乖論」。乖論是東亞佛教的特徵，「皆是皆非」即是乖論。除此之外，尚有「似是而非」、「非然非不然」等。然而這些乖論無法以字面意思直接解釋。乖論是詩意的表現，是事實的省略。

引文可以擴大解釋為「（部分）皆是，（部分）皆非」，這是較常見的主張，意思是有正確的地方，也有錯誤的地方。

也可以更進一步置換為「（理解則）皆是，（贊同則）皆非」，這是區別贊同與理解的思維。有時人們將「理解」與「贊同」混用，不過這兩個詞彙截然不同。

如果說理解是體諒對方的處境，那麼贊同則是全然支持。某人提出某個主張時，即使我們不贊同該主張，也應充分理解他提出該主張的背景和原因。當然，也可以既理解該主張，也贊同該主張。

元曉致力於區別理解與贊同，調和佛教內部互相衝突的各種理論。儘管他試著理解所有理論，卻僅贊同部分理論。他不用正確或錯誤的二分法來劃分，而是博採各個理論正確之處，批判錯誤之處。這是元曉的和諍思想。

和諍也適用於今日的話術。在日常生活中，我們總是將理解與贊同視為相同的概念。所以贊同便嘗試理解，不贊同便連理解也不願嘗試。然而相較於這種二分法的態度，我們更需要的是區別贊同與理解，贊同可以立場明確，而理解則應盡可能努力才是吧？

即使不「贊同」他人的意見，只要試著猜想對方在什麼條件與背景下提出那樣的意見，便能「理解」對方必定有自己合理的原因。如此將可避免因為意見不同而憎惡對方，或與對方發生衝突了。更溫和、更開放的討論，也將得以實現。

如此一來，我們將可跳脫粗糙的「對／錯」二分法，而能有更全面詳盡的判斷，例如「七分錯誤、三分正確」、「雖然八成有失公允，至少還有兩成值得一聽。」

元曉（617-686年）：新羅時代僧侶。思想核心為「一心」與「和諍」。其著作在新羅與當時的中國皆被廣泛閱讀，《大乘起信論疏》等部分著作流傳至今。他不僅是韓國佛教的巨匠，在哲學界亦是數一數二的思想家。引文出處：《大乘起信論疏》。

想掌握主導權，先當主持人

「如果有人想霸占一切說話的時間，
就要想個法子支開他，
從而讓別人有發言機會。」——法蘭西斯·培根

想想電視政論節目的場景。最能言善辯、受人矚目的人是名嘴，不過掌握主導權的人是主持人。主持人提示討論的議題，將發言權交給名嘴。在名嘴發言過久或偏離議題時，也會出言提醒。主持人一方面濃縮各家名嘴的主張，一方面也表達自己的看法，藉以整合名嘴之間不同的立場。主持人的發言比名嘴短，卻占有不可小覷的比重。

日常生活中也是如此，只要兩人以上聚在一起，自然會出現主持人。當然，這並不像辯論一樣有明確的角色區分，或被賦予不同身分。通常是無形中由一人或數人，甚至是所有人輪流擔任主持人的角色。

比起發言，主持人的責任主要是傾聽，並適時提問與整理、轉換話題。這種角色看似存在意義不大，實則唯有主持人才能主導對話，發言也較有份量，而且人們一般對這類主持人抱有好感。

一般人大多樂於發言勝過傾聽，差別只在於程度的強弱而已。表達與呈現自我想法的欲望，是人類的本能。所以讓對方盡情釋放說話的欲望，對方將對我產生好感。

雖說如此，如果只是單純的聆聽，那便與觀眾無異。必須以傾聽為

法蘭西斯・培根（Francis Bacon，1561-1626 年）：英國哲學家暨政治家。被譽為與笛卡兒共同開創西方近代哲學的人物。主張經驗主義。破除偶像，以歸納法等科學態度研究學問。政治上也位居高官。
引文出處：《培根隨筆》（The Essays of Bacon）。

主，時而在適當的時機提問；在對方短暫走神，說話不著邊際時，也必須予以提示，並重新梳理脈絡。在多人參加的場合上，主持人必須調整所有人的發言時間，並且在適當的時機轉換話題，避免對話顯得沉悶。如果有人在對話中受到冷落，應幫助他參與對話。此時，儘管我們並不突出，卻能自然而然贏得他人的心。

話語可以有謀略，但不可造假

「客有為齊王畫者，齊王問曰：
『畫孰最難者？』
曰：『犬馬最難。』『孰最易者？』
曰：『鬼魅最易。夫犬馬，
人所知也，旦暮罄於前，
不可類之，故難。
鬼魅、無形者，不罄於前，故易之也。』」——韓非子乍聽之下，畫鬼似乎比畫犬馬困難，因為人們不曾見過。然而畫家卻說「犬馬最難」而「鬼魅最易」。犬馬有固定形體，畫家壓力較大，而鬼魅沒有固定形體，畫家可以隨心所欲發揮。

當時繪畫不如今日被視為藝術，畫得維妙維肖才是高手。這麼說來，畫家理當認為畫鬼比畫犬馬更難才是。然而引文中畫家認為畫鬼更容易，這是因為人們不知道鬼魅的形體。

畫家畫犬馬比畫鬼投入更多的心力，原因在於他們更在意人們的心理，而非圖畫本身。畫家也不必承認自己信手塗畫（雖然這並非畫家正確的態度）的鬼魅圖是虛構的。畫家的繪畫態度是謀略，而非撒謊。

將這則故事寫進《韓非子》一書的韓非子，主張統治者一行一言皆應運籌帷幄，不應信口雌黃。謊言雖然是謀略的一種，然而統治者若說謊成性，其中幾個謊言總有一天將真相大白。那麼百姓將更不信任統治者，統治者亦將無法嚴格執法。對統治者與法律的信賴一旦瓦解，國家也將崩潰。

說話也必須效法韓非子主張的統治者，以及故事中的畫家。謀略可行，而謊言不可取。想要貫徹個人意志，只需要向他人表現出該有的模樣，不利之處則應加以隱藏。這並非惡意的態度。比起披肝瀝膽、開誠布公的善意話術，我們更應善用謀略與奇招的聰明話術。

然而謊言不會是聰明的謀略。謊言只會產出更多謊言，說謊的人自己也感到不安，無法光明磊落。當謊言被拆穿時，將失去一切信賴。任何一個聰明的人，想必不會將如此不便且有極大危險的謊言運用於謀略之中。

韓非子（西元前 280-233 年）：中國戰國時代哲學家。揉合荀子與老子的思想，強調法治與帝王學。備受秦始皇信任。儘管不得善終，其思想仍反映於秦國的國家哲學。引文出處：《韓非子》。

第八階段

自由

該說的話，該丟掉的話

喜好知名產品的原因，在於「品牌價值」與「售後服務」。
「品牌價值」與「售後服務」也適用於話語。
即使是同一句話，值得信賴的人說話更可靠。
此外，說話再怎麼具有說服力，
如果不能真正為自己說的話負責，
日後將無人相信此人的言論。
說話之後的實踐如此重要，
正如產品出售後的售後服務一樣。

然而為話語負責的同時，也應懂得捨棄話語。
因為話語有時亦有害於人生。
為成就更好的發展，這些話語必須果斷捨棄。

總而言之，
我們應區分必須堅持的話語與必須捨棄的話語。
擇善固執，擇不善棄之。
堅持話語能擺脫話語的束縛，
而捨棄話語能免於話語的禁錮。
這是人文學看待話語的態度。
因為學習說話終究不是為了話語本身，
而是為了話語背後的自我。

墨子的說好話三原則

「言有三法。三法者何也？
有本之者，有原之者，有用之者。」[1]——墨子

說話時，有三件事必須注意。首先說話應加以考察，亦即三思而語。未經思慮而吐出的話語，不僅使我受害，也使他人受害。說話也必須有憑有據，而考察須建立在事實之上才有意義。最後，話語必須付諸實行。

如果話者本身不光明磊落，卻又高談闊論正義，說得妙語如珠、井

井有條，那麼他所說的內容，將反襯出他的可笑。話語的完成缺少不了實踐。如果與對方無緣見面，或許可以不必在意是否實踐話語，然而若是需要長久維繫的關係，實踐則不可或缺。

人們大多對自己的錯誤寬容，對他人的錯誤嚴厲。所以我們無法堅持的話語，對方總能立刻覺察。十句話有七句話辦到時，我們認為自己是守信用的人，而對方卻只看見我沒能達成的三句話，並且以此判斷我是不值得信賴的人。話語如此令人生畏。當下說得煞有其事固然痛快，不過也別忘了總有一天將付出代價。

1 譯註：原文對三法的解釋為考察、根據、實踐，與墨子原文的根據、考察、實踐順序有出入，因而譯為中文時，第一段反倒與墨子的主張有出入。

2 一九一八－一九九四年，出生於中國東北的韓國基督教長老會牧師。

墨子（西元前479-381年）：中國戰國時代哲學家。為諸子百家中墨家的始祖。主張平等之愛的「兼愛」，為被統治階層發聲；也主張祭天等儀式，具有濃厚的宗教色彩。其思想與耶穌多有相似之處，中國梁啟超稱之為「小基督」；文益煥[2]牧師稱「墨子與耶穌是雙胞胎」。引文出處：《墨子》。

縱使葡萄酒杯不復存在，其滋味仍將被銘記

「當你在路邊或市場上遇到你的朋友，
請讓心裡的靈魂帶動你的雙唇，指引你的舌頭。
讓你的言談之音對著他的聆聽之耳訴說；
而他的靈魂將留在你內心的真諦，
如同葡萄酒，當顏色已被遺忘，
杯皿已不復存在時，其中的滋味仍長存於記憶中。」
——哈利勒・紀伯倫

所謂對話，是在話語的往來前，先有靈魂的往來。話語不過是工具。因為話語固然重要，話者的靈魂更為重要。所以話語忌諱缺乏誠意。

話語必須由自我內在的靈魂帶動雙唇與舌頭。那不是慣性驅使而說出千篇一律的話語，而是源於內心深處的真誠話語。我們將這真誠的話語，稱為「內在聲音」。

當我們發出內在聲音時，他人也將跨越外在的耳朵，向我們開啟內在的耳朵。母語不同而無法順利溝通的人，也能彼此成為朋友、戀人。內在聲音使這一切成為可能。

紀伯倫以葡萄酒為喻，葡萄酒顏色與杯皿並不重要，閉上眼轉瞬消失。然而滋味不同，經過嘴唇與喉嚨流入體內的葡萄酒，一一滲入身體的每個角落。同樣地，汲取自靈魂的內在聲音，即使話者木訥遲鈍，甚

哈利勒·紀伯倫（Kahlil Gibran，1883-1931）：黎巴嫩作家。周遊世界，多方涉獵宗教與哲學、文學、美術等各個領域。大量創作具有濃厚宗教及神祕主義色彩的作品，甚至出現以其名字命名的「紀伯倫體（Gibranism）」，足見其作品深受歡迎，。引文出處：《先知》（The Prophet）。

至雙方語言相異，也能直抵對方的內心深處。

當然，之後若未對話語負責或付諸實行，內在聲音將淪為空談。唯有人前說話真誠，人後為話語負責，這種形象才能贏得他人對我話語的信賴。

成為自由人

「若有人聲稱願為『創造性的詮釋』犧牲，他其實是主張一個人有成為探險家的權利。每天清早，他再度向著廣闊且地圖上看不見的大地出發。出發就是自由的精髓，了不起的證明。」——渥雷・索因卡

有史以來，再也沒有像自由那般令人心動的詞彙了。古往今來無數的思想家與詩人探索自由、渴望自由，佛教的解脫與基督教的救贖，也與自由無異。在獨立運動與民主化運動過程中倒下的人們，亦是為爭取自由而積極抗爭。

索因卡如此解釋自由人：為創造性的詮釋犧牲的探險家。探險家是拒絕前人走過的既定道路，開拓全新道路的人。同樣地，自由人儘管為詮釋犧牲，卻是開拓創造性詮釋而非既定詮釋的人。

那不是社會或他人強求的詮釋，而是純粹由一己之意建立的詮釋，自由人奮不顧身地朝著這詮釋前進。他們拒絕服從外在或他人提示的價值與命令，也摒棄一無所成的放縱狀態與漫無目的。

人類必然無窮無盡地嚮往著某個事物，所以缺乏犧牲或目標的生命事實上不可能存在。如果說有這種生命存在，那充其量是處於混淆的狀態而已。

所以如果沒有個人明確的生命目標，必定會受到外界事物的左右。

唯有朝向唯一的目標前進，才能擺脫其他事物的束縛。只是別忘了，這個目標必須由我親自創造，而非由外在介入。

擔心破壞信賴關係而不得已堅守自己說過的話，這類人並非自由人。自由人不區分話語與責任。因為一言一語皆發自真心，自然樂於實踐。正如喜愛音樂的人，不會勉強欣賞音樂一樣。

自由人發出自我內在的聲音，並理所當然付諸實行。那不是「勉為其難」，而是「為所當為」。為所欲言，言而有信，因此無拘無束。從中也能自然而然獲得喜悅。

渥雷・索因卡（Wole Soyinka，1934-）：奈及利亞作家。主要創作戲劇。由於批判政權，在奈及利亞內戰時身陷囹圄，甚至遭判死刑，經歷坎坷。他是非洲首位諾貝爾文學獎獲獎人，在政權交替後，仍持續參與政治活動。引文出處：《2017 年第一屆亞洲文學慶典》。

爬上梯子後，扔掉梯子吧

「理解我的人當他通過這些命題——根據這些命題——越過這些命題（他可以說是在爬上梯子之後把梯子拋掉了）時，終於會知道是沒有意思的。」——路德維希．維根斯坦

路德維希．維根斯坦是探索語言與邏輯的學者。他認為語言與邏輯固然有用，卻也確實存在侷限，並對此留下著名的命題：「一個人對於不能談的事情就應當沉默。」當然，這句話並非勸告人們別對未知事物發表不自量力的言論，而是要人們對話語無法觸及的境界、話語無法說明的現象表示敬畏。當跨越侷限而勉強賦予名稱、解釋的瞬間，語言的功能將面臨崩潰。所以完全理解維根斯坦所成就的一切的人，反倒會發現這一切是沒有意義的。因為他的哲學是梯子。梯子是登高必備的工具，在登高後則一無是處。我們不會因為感謝幫助自己登高的梯子，而將梯子頂在頭上繼續前進吧？

一言能抵千金，也能造成一輩子的傷害。話語是連繫我與他人、我與世界的橋樑，然而在我們的生命中，確實存在話語無法觸及的地方。如果刻意使用話語，話語反倒可能破壞關係。此時應像扔掉梯子那樣，果斷捨棄話語。

經典與權威人士的格言固然為我們的生命提供支持與動力，有時卻也使我們陷入矛盾的狀態。一句「別滿足於現狀」，剝奪了眼前的幸福；

路德維希·維根斯坦（Ludwig Wittgenstein，1889-1951 年）：奧地利哲學家。在哲學家 生涯初期，嘗試以嚴謹的邏輯形式建構語言，晚期則關注生命形式所決定的日常語言。阿蘭·巴迪歐曾說：「在維根斯坦之後，哲學不再被視為語言的問題。」曾任英國劍橋大學教授，著有《邏輯哲學論》（Logisch-Philosophische Abhandlung）、《哲學研究》（Philosophische Untersuchungen）。引文出處：《邏輯哲學論》。

一句「人要知足」，阻斷了未來的可能性。話語無法盡善盡美。當言語無法形容的情緒湧現時，最好選擇沉默。

當話語無法說明，或者話語反倒對個人生命造成傷害時，那時請捨棄話語。因為勉強以話語表達難以言說的事物，或試圖以話語解決言語難解的問題時，將帶來新的難題。必須先有任何一句話都能捨棄的覺悟，才能真正擺脫話語的束縛。

承諾不必非得履行

「信近於義，
言可復也。」——有若

話必須說到做到，不過「言出必行」只是原則，並非絕對標準。承諾也有不得不違背的時候，例如已經訂好婚禮日期，卻發現對方身上有極大的問題，或是後來才發生無法繼續維持關係的嚴重衝突，這時最好喊停。雖然對對方感到抱歉，在旁人看來也是極為丟臉的事，但是這也無可奈何。雖然約定和面子都重要，但是我們的人生更重要。但凡話語與約定都必須審慎為之，即便如此，在無可奈何的情況下，仍必須果斷放下。

有若是孔子的弟子。儘管孔門重視言行一致與信用，但是並不認為話語與約定非得遵守不可。承諾的標準在於「義」。一般遵守約定是「義」，然而不遵守有違道理的約定，同樣被視為「義」。

只不過這裡必須區分「不遵守有違道理的約定」與「說謊」，因為謊言一開始就是欺瞞的行為。所以雖然約定可以不必遵守，但是一開始就不該說謊。如果違反約定的後果是信任度的破壞，那麼謊言被揭發時，後果將是關係的斷絕。

有若（西元前 518-458 年）：中國春秋時代學者。不僅是孔子生前最信賴的弟子，孔子死後，孔門弟子甚至有意擁立有若為師，足見其於孔門中難以撼動的地位。有數則軼事流傳至今，著作不傳。引文出處：《論語》。

不要過於執著禮節

「唯之與阿，相去幾何？」——老子

老子厭惡繁文縟節，他認為相親相愛、相親相待即可，不必追究關係親疏遠近，更不必根據對方身分貴賤而使用不同的表達方式。子女未對父母使用尊稱或用語過於親暱，並非就代表對父母的愛不如使用尊稱的公司上司。

話語的內容與形式無法一視同仁。有些人話語真誠、意義深刻，表達方式卻顯得木訥，也有些人巧舌如簧，卻只是虛有其表。但是人們通常將內容與形式視為一體，以為話說得有禮得體的人也同樣謙虛，而胡亂臆測不善說話的人言語空泛。

然而老子要問：回答「唯」與「阿」有如此大的差別嗎？越執著於話語的形式與禮節，越容易傷害他人，也容易受到傷害。例如對禮數較敏感的人，對於他人些許的「無禮」容易感到不悅，從而造成自己的傷害，更因為勉強他人遵守禮節而傷害他人。

當然，話語的形式與禮節的影響力不容小覷。如果所有人都相信話語的形式反映話語的內容，那麼遵守形式會在日常生活上更為有利，不過，我們仍必須面對內容與形式並非完全符合的事實。綜上所述，整理如下：

讓我們的話語符合禮節與形式吧，那麼人們將更加關注我的話語。

至於聆聽他人的話語時，暫時放下禮節與形式的標準吧，那麼我話語的字面意思將不會傷害他人，我也能減少因他人的話語所受到的傷害。

 引文出處：《老子》。

冥想即沉默，沉默即冥想

「某位國王找上靈魂導師，問道：

『我這個人很忙，

可以趕快告訴我怎麼樣和上帝合而為一嗎？

用一句話就好。』

導師回答：『不用一句話，用一個詞回答你吧。』

『那個詞是什麼？』『沉默！』『該怎麼獲得沉默呢？』

『冥想！』國王再次問道：『什麼是冥想？』

『沉默！』『該怎麼獲得沉默呢？』『冥想！』
『什麼是冥想？』『沉默！』」——安東尼·戴邁樂

話語的學習不知不覺已進入尾聲。根據神父戴邁樂介紹的故事，看見上帝的方法為沉默。達成沉默的方法為冥想，而達成冥想的方法則是沉默。冥想即沉默，沉默即冥想。

戴邁樂的沉默並非指單純不說話的狀態。沉默是話語的停止，包含了內與外的停止。不只是外在的話語停止，此時此刻在我心中嘈雜不停的話語，也處於停止狀態。所以沉默即是冥想。

所謂內在話語的停止，是指我深受先入之見與偏見影響的所有判斷

1 一九四四年生，為韓國監理教牧師。

安東尼·戴邁樂（Anthony de Mello，1931-1987 年）：出生於印度的天主教耶穌會神父。其特徵為融合西方天主教信仰與東方印度思想。嚮往直觀的、基本的信仰，強調虔誠的反省與冥想。李賢周牧師[1]等人譯介多本安東尼·戴邁樂的著作。引文出處：《海上的耶穌（Walking on Water: Reaching God in Our Time）》。

完全停止。戴邁樂又說：「我所認為的上帝，與真正的上帝毫無關係。」意思是當我們抹去心中經過渲染的「上帝」的概念時，才能看見真正的上帝。

與他人見面時亦是如此，必須先放下對此人的先入之見與一切既有的判斷。當我們抹去個人想像渲染出的「對方」形象時，對方才會向我靠近。也許真正的邂逅，必須是在如此深刻的層次下才能成真吧。

戴邁樂的建議其實多少有違目前為止介紹的話語學習方法，因為沉默儘管正確，然而在我們身處的現實生活中，仍必須持續累積知識，並以自己的目光觀看與判斷，最終以話語表達出來。如此說來，答案依然在於協調。

讓我們努力累積知識，培養深入的觀點，並且適時以恰到好處的話語表達吧。不過偶爾也請保持沉默，重新設定對他人的認知與判斷。一點一滴地累積，與一點一滴地抹除同等重要。如此才能重新設定。就算有意重新設定，也不一定能完全成功，我們只能努力達到那種程度，盡可能減少先入之見。但是沒必要將沉默視為退步而有所避諱。越是重新設定既有的知識與認知，並對此保持沉默，我們的話語將越加簡潔、越見深刻。

實踐

從聖人的故事看話語的內功

以下來看幾則歷史上著名的智慧對談。

儘管內容簡短，卻鮮明呈現了話者的性格與思想，引人入勝。

不妨透過這些對話，思考如何以話語表達自己的想法。

請記住，儘管無法排除他們與生俱來的性情與天資，
然而正是藉由持之以恆的努力，
他們才得以留下那樣充滿智慧的對話。
閱讀的同時，務必牢記這個前提。

釋迦摩尼

爾時世尊，告尊者阿難曰：「阿難，或亦有人使鍛工子純陀起悔恨心。曰：『如來最後，受汝所奉供養食故，便般涅槃。吾友純陀，是故於汝，無有利益，無有功德。』（然而）阿難，於鍛工子純陀，應以如是言，除其悔恨心。曰：『如來最後，受汝所奉供養食故，即般涅槃。吾友，此事於汝，為有利益，為有功德。吾友純陀，我從如來，親聞親受。』……阿難，於鍛工子純陀，應以如是言，除其悔恨心。」——摘自《大般涅槃經》。

佛教以「供養」為累積功德的高貴行為。供養是提供食物給修行者的舉動，尤其像釋迦摩尼這樣已經頓悟的佛，供養食物的功德尤為殊勝。所以尊敬釋迦摩尼的純陀也在自己的能力範圍內，盡可能提供釋迦摩尼及其弟子食物。然而印度氣候炎熱，食物容易腐敗。

某日，純陀供養釋迦摩尼菇類料理，食物已經腐敗。依照慣例，受供養時由釋迦先品嘗滋味，再由弟子食用。釋迦知道食物腐敗，命人埋於地下。而吃過腐敗食物的釋迦腹痛如絞，身體急遽衰弱，不久後溘然長逝。

如果純陀知道自己的食物害死尊敬的佛陀，想必心中的悲傷與自責難以形容。釋迦憂慮此事，臨終前喚來弟子阿難交代遺言：「不是純陀的食物害死自己，而是自己老之將死。」「純陀將食物獻給行將就木的自己，反而累積了無上的功德。」釋迦不僅沒有怨言，甚至擔憂起鍛工之子純陀。

釋迦如此令人感動的貼心，已超越單純一句「不要緊」的安慰。他為了減輕純陀的自責，嘗試逆向思考，將菇類食物事件昇華至累積功德的層次，而非純陀的錯誤。輾轉聽到釋迦遺言的純陀做何反應，並未被記錄下來，不過相信任何人都能體會他的心情。

聖人這類「大人物」的話語能引起共鳴，能觸動人心，原因不在於華麗的話術。感動源於話者的生命，而非話語本身。所以即使是同一句話，其價值也會隨著話者而有所不同。匹夫的一句話與聖人的一句話天差地別。這是為何學習說話必須先從修養自我開始。

孔子

孟懿子問孝。子曰：「無違。」……孟武伯問孝。子曰「父母唯其疾之憂。」子游問孝。子曰：「今之孝者，是謂能養。至於犬馬，皆能有養；不敬，何以別乎？」

——摘自《論語．為政》

孔子對於孝的回答各不相同。孟懿子是魯國的當權者，也是導致魯國民生疲弊的罪魁禍首，所以孔子回答「無違」，隱含些許批判的意味。表面上說奉養父母必須無違禮節，實則隱喻治理國家、對待百姓時，也必須像這樣無違禮節、道理。

孟武伯為孟懿子之子。也許是因為父母皆位高權重，孟武伯不僅目中無人，又沉迷於聲色犬馬。孔子並未告訴孟武伯孝為何物，而是選擇能喚醒其孝心的話語。他告訴孟武伯天下父母擔憂女子健康的心情，使他能體諒父母的心情。

子游是孔子的弟子，他奉養父母務求物質上的富足，然而其孝行缺乏尊敬之心。所以孔子責備子游，說飼養家畜也是養，只滿足父母物質上的需要並不可取。

孔子像這樣根據提問者的處境與程度，給予合適的回答，因材施教。如果有人對所有人的回答千篇一律，想必沒有人會願意向他敞開心房吐露自己的煩惱與問題，並尋求建議。所以深刻的洞察不可或缺。要是對孝的洞察不夠深刻，孔子也只能說出平凡無奇的回答。水缸必須倒滿水，才能舀出好幾碗水，同樣地，為了說出更豐富、更有溫度的話語，知識與思維也必須深刻才行。

韓非子

鴟夷子皮[1]事田成子，田成子去齊，走而之燕，鴟夷子皮負傳而從，至望邑，子皮曰：「子獨不聞涸澤之蛇乎？澤涸，蛇將徙，有小蛇謂大蛇曰：『子行而我隨之，人以為蛇之行者耳，必有殺子，不如相銜負我以行，人以我為神君也。』乃相銜負以越公道，人皆避之，曰『神君也』。今子美而我惡，以子為我上客，千乘之君也；以子為我使者，萬乘之卿

也。子不如為我舍人。」田成子因負傳而隨之，至逆旅，逆旅之君待之甚敬，因獻酒肉。——摘自《韓非子・說林上》

上段對話可看出范蠡的機智。范蠡以寓言為喻，說明自身所處的情況。大蛇在前，小蛇在後是理所當然的事，人們也以為只是蛇蜿蜒而過，皆欲殺之；而大蛇背著小蛇經過，人們將以為這是神異的徵兆。

同理，如果相對高貴者服侍低賤者，人們將以為低賤者比高貴者更加高貴，甚至以超過高貴者的等級來隆重招待二人。

脫離常識時，人們必然對此感到訝異。當一切都在常識範圍內時，只要以一貫的方式回應即可，然而當常識被打破時，人們忽然開始感到

1 指范蠡。

疑惑、苦惱。所以當話語超脫常識時，必能吸引人們的目光。然而此時也可能伴隨著危險，因為效果因人而異，甚至可能不小心引起反效果。

這則故事中值得一提的人物，也是想法新穎奇特的范蠡。打破常識必須是跳脫常識，而非異想天開。幸虧范蠡的話語是跳脫常識，因此能發揮效果。

不過也別忘了，接受范蠡建議的田成子也並非凡夫俗子。范蠡的方法再怎麼充滿創意，如果田成子沒有慨然應允，想必也毫無用處。

如果無法提出顛覆常識的想法，至少也應有開放的心態，懂得彈性判斷並接受他人「違背常識」的話語。多虧於此，田成子才能獲得好處。

耶穌

經學家和法利賽人帶了一個行淫時被抓到的婦人來，叫她站在中間，就對耶穌說：「先生，這婦人是正在犯姦淫的時候被抓到的。摩西在律法上吩咐我們把這樣的婦人用石頭打死，你怎樣說呢？」他們說這話是要試探耶穌，要找把柄來控告他。耶穌卻彎下身，用指頭在地上寫字。他們不住地問耶穌，他就挺起身來，說：「你們中間誰是沒有罪的，他就可以先拿起石頭打她。」於是又彎下身在地上寫字。他們聽

了這話，就從年老的開始，一個一個地都離開了，留下的只有耶穌和那個還站在那裡的婦人。

——摘自《新約聖經》〈約翰福音〉

如果遵守「姦淫者當以石頭砸死」的摩西律法，耶穌將違背自己「愛仇人」的話語與信念；如果遵照自己的信念，主張不可以石頭砸人，又將種下被對方告發的禍根。如此便陷入了極其難堪的情況，「砸」或「不砸」必須兩者選其一，卻又無法兩者皆選。

此時，耶穌做出了兩者皆不選的「選擇」。並非對方提出兩個選擇，就必須二者選其一。像耶穌這樣處於進退維谷的情況時，有幾個可行的辦法。第一、無視選擇本身。對於法利賽人的提問，耶穌沒有非得回答不可的義務。換言之，大可無視問題本身，轉而揭發並責備他們卑劣的意圖。

第二、破壞選擇的內容。亦即說出其他選擇，或是綜合選擇的內容，創造新的選擇。無論能否擺脫對方布下的陣式，都要擾亂對方的布陣。這正是「內爆」。

耶穌選擇了後者。他綜合「砸」與「不砸」兩種選擇，答以「你們中間誰是沒有罪的，他就可以先拿起石頭打她」。雖然要求旁人砸石頭，卻又附加了無法那麼做的先決條件，最終使所有人無法砸石頭。於是，法利賽人原本設計告發耶穌的計畫，便以失敗告終。

真正重要的，是像耶穌那樣懂得不受他人話語的左右。經常看見明明是紅燈，只要有一人穿越馬路，其他人也跟著穿越的現象。在邁開步伐前，不應該先親自確認號誌的顏色嗎？他人的話語必須聆聽，但是不必人云亦云。看清對方的意圖後，再照做也不遲。

耶穌（Jesus Christ，西元前4-30年）：基督教教主。誕生於巴勒斯坦，為猶太人木工之子。提倡絕對的愛與平等、新的信仰。被稱為彌賽亞，受其他宗教領袖誣陷，被釘死於十字架上。據聖經所載，耶穌曾經復活。

崇山

一位女弟子問崇山：「師父，韓國佛教有女禪師嗎？」「沒有，沒有，當然沒有！」崇山立刻回答。弟子聞言深受打擊，甚至生起了氣。因為平時崇山對待男女弟子一視同仁，也認同女弟子的領袖資格。「師父竟然這麼想，太過分了！」弟子再次詢問崇山：「為什麼呢？」崇山微微一笑，看著弟子說道：「我說女人不能成為佛祖！」回答同樣令人難以置信。

弟子以為師父開玩笑，抬頭一看，崇山已經走進其他房間。弟子趨步上前。崇山在房內若無其事地忙著其他事，弟子再度詢問崇山：「師父，您總是教我們要完全相信真正的自己。可是怎麼現在卻說女人不能成佛呢？」於是崇山轉過身來，手指弟子問道：「那麼，妳是女人嗎？」話音剛落，弟子的臉上泛起了笑容。——摘自《對佛祖開槍》。

一位美國女弟子問韓國僧侶崇山：「韓國佛教有女禪師嗎？」禪師是指達到頓悟境界的僧侶。崇山果斷回答沒有，弟子當然不知所措。弟子心想也許有其他原因，重新再問，崇山斬釘截鐵地回答：「女人不能成為佛祖！」

弟子對這句話難以置信，因為崇山平時是和性別歧視幾乎沾不上邊的師父。然而崇山太過理所當然的口氣與舉動，似乎發自於真心，這讓弟子對師父與韓國佛教界感到背叛與憤怒。此外，女弟子是為了頓悟而入佛門，如今崇山卻說女性無法成佛，也確實令人絕望。弟子帶著這樣複雜的情緒重新詢問崇山：為什麼女性無法成佛？

崇山停下手邊的事情，反問弟子：「那麼，妳是『女人』嗎？」執著於是女人還是男人，以及女人必須這樣，男人必須那樣的規定，無法成為佛祖。所以頓悟並不是說女性沒有頓悟，所以女性無法頓悟，而是頓悟之於人類沒有性別等任何區別與執著。因此即使有「禪師」，也不可能有「女禪師」或「男禪師」。

儘管回答了好幾次，弟子仍沒有聽懂，崇山這才選擇直接丟出問題。認為自己是韓國人，就是韓國人；將自己定義為女性，就是女性。然而一一脫去這些外衣後，留給自己的，只會是一句「人」或是「我」

而已。

崇山的話語並非性別歧視的話語，而是追求終極平等的話語。最後聽懂師父回答的弟子，深受感動。如果一開始崇山便以平易近人的方式說明，弟子或許只會靠頭腦理解而不能頓悟。

崇山的一個問題開啟了弟子的心房。提問的力量如此驚人。提問使對方回顧自我、反思自我。當然，提問必須深刻。儘管提問並不容易，我們也不能輕言放棄。

在這段對話中，重要的不只有崇山的提問。因為成就這段對話的，是弟子的提問。弟子並未立刻退卻，而是在問題解開前一問再問。如果弟子在第一個提問後便感到失望而就此離開崇山，相信這段對話將無法誕生。

耶穌受某對父母之託救活死去的女兒，在行完復活的奇蹟後，耶穌

崇山（1927-2004 年）：韓國僧侶。曾參加獨立運動而受牢獄之苦。主要活動於美國等海外地區，對宣揚韓國佛教至全球貢獻良多。與達賴喇嘛、釋一行、瑪哈．哥沙納達並稱二十世紀四大生佛。

如此說道：「是你們的信仰救了女兒。」是的，救活女兒的既是耶穌，也是相信耶穌並託付女兒給耶穌的父母。同樣地，在這段對話中，開啟弟子心房的既是崇山的提問，也是成就這段對話的弟子自身的提問。無法像崇山那樣提出充滿智慧的問題也無妨，只要能像弟子那樣一而再，再而三詢問自己的煩惱，那樣的程度就已足夠出色了。

李奎報

客有謂予曰：「昨晚見一不逞男子以大棒子椎遊犬而殺者，勢甚可哀，不能無痛心。自是誓不食犬豕之肉矣。」予應之曰：「昨見有人擁熾爐捫蝨而烘者，予不能無痛心，自誓不復捫蝨矣。」客憮然曰：「蝨微物也。吾見龐然大物之死，有可哀者故言之，子以此為對，豈欺我耶？」予曰：「凡有血氣者，自黔首至于牛馬猪羊昆蟲螻蟻，其貪生惡死之心，未始不同，豈大者獨惡死，而小則不爾耶？然則犬與蝨之死

一也，故舉以為的對，豈故相欺耶？子不信之，盍齕爾之十指乎？獨拇指痛，而餘則否乎？在一體之中，無大小支節，均有血肉，故其痛則同。況各受氣息者，安有彼之惡死而此之樂乎？子退焉，冥心靜慮，視蝸角如牛角，齊斥鷃為大鵬，然後吾方與之語道矣。」

——摘自《東國李相國集》〈蝨犬說〉

友人拜訪李奎報，告知前日發生的事情與感想。這位友人目睹殺狗的場景，由於景象太令人悲傷，決定再也不吃狗肉與其他肉類。然而李奎報對友人的感想頗有不滿。他以蝨子為喻，說目睹某人捕抓蝨子的場景，由於模樣太令人悲傷，自己也決定不再抓蝨子。友人對此言感到不快，追問之下，李奎報遂說明原因：生命不分大小，皆貪生惡死。

如李奎報所言，友人的感想存在漏洞，錯就錯在他最終為生命排出先後優劣的態度。這點李奎報的剖析鞭辟入裡，更以手指、蝸牛與牛、鷚鳥與鵬鳥等生命為例，用來支持自己的論點。李奎報的這種話術，適用於必須以言語壓制對方時。

然而就目前社會來看，李奎報的話術並不恰當。友人看見狗的死亡，感受到生命的可貴，並且真心下定一番決心，他卻批判友人以貴賤看待生命、歧視生命，這點過於嚴苛。況且他為了證明自己的主張而帶入手指、蝸牛等生命，反倒近乎挖苦。

友人似乎並未如李奎報期待的那樣，領悟生命沒有貴賤的事實。只是感到極度不滿。這無異於踐踏人們覺知生命可貴的幼苗。因此，與其仿效李奎報的話術，不如將它視為負面教材更好。

1 韓國歷史上的王朝，存在於西九一八－一三九二年。

李奎報（1168-1241 年）：高麗時代[1]作家暨文人。儒學與佛學造詣極高，著有關於東明王事蹟的長篇敘事詩《東明王篇》，在各方面皆表現傑出。尤其以作家身分在韓國文學史上留下傲人成就。

（齊宣王問）曰：「若寡人者，可以保民乎哉？」（孟子）曰：「可。」曰：「何由知吾可也？」曰：「臣聞之胡齕曰：『王坐於堂上，有牽牛而過堂下者，王見之，曰：「牛何之？」對曰：「將以釁鐘。」王曰：「舍之，無不忍其觳觫，若無罪而就死地。」對曰：「然則廢釁鐘與？」曰：「何可廢也？以羊易之！」』不識有諸？」曰：「有之。」曰：「是心足以王矣。百姓皆以王為愛也，臣固知王之不忍也。」王曰：「然。誠有百姓者。齊國雖褊小，吾何愛一牛？即不忍其觳觫，若無罪而就死地，故以羊易之也。」曰：「王無異於百姓之以王為愛也。以小易大，彼惡知之？王若隱其無罪而就死地，則牛羊何擇焉？」

王笑曰：「是誠何心哉？我非愛其財。而易之以羊也，宜乎百姓之謂我愛也。」曰：「無傷也，是乃仁術也，見牛未見羊也。君子之於禽獸也，見其生，不忍見其死；聞其聲，不忍食其肉。是以君子遠庖廚也。」王說曰：「《詩》云：『他人有心，予忖度之。』夫子之謂也。夫我乃行之，反而求之，不得吾心。夫子言之，於我心有戚戚焉。此心之所以合於王者，何也？」曰：「有復於王者曰：『吾力足以舉百鈞，而不足以舉一羽』；『明足以察秋毫之末，而不見輿

薪』，則王許之乎？」曰：「否。」「今恩足以及禽獸，而功不至於百姓者，獨何與？然則一羽之不舉，為不用力焉；輿薪之不見，為不用明焉，百姓之不見保，為不用恩焉。故王之不王，不為也，非不能也。」

——摘自《孟子．梁惠王上》

本文與上篇李奎報的對話相似。李奎報友人目睹殺狗的場景，宣布不再吃肉；齊宣王目睹為祭祀牽來的牛，心生憐憫而下令易之以羊。這兩段故事的不同之處，在於友人將目光放大至戒除肉食，而齊宣王只停留在牛。

看見齊宣王以羊易牛的行為，人們批評其原因在於牛比羊貴。儘管最終原因並不在此，宣王卻也無法提出其他辯解。面對吐露這種心聲的宣王，孟子明確指出王自身也不知道的原因。那是因為宣王只看見牛，卻沒看見羊。要是他看見牽羊走過的場景，或許也會救下羊。孟子更從反面立論，認為這「微小」的心意已足以見出聖君的可能性。

雖然目前尚非聖君，然而同理牛的痛苦的心意，若能擴及百姓，將可成為照顧百姓、珍惜百姓的聖明之君。孟子也分析道，宣王目前不能照顧百姓，並非本性儒弱，而是因為只見牛而不見百姓。

正如力足以舉三千斤的人無法舉起一片羽毛，並非力量不足，而是不願施力，宣王保牛而不保百姓，並非無心或沒有能力，而是不願如此。若能將目前憐憫牛的心意擴及百姓，便足以成為聖君。這是孟子苦口婆心的諫言。

由此看來，李奎報的友人與齊宣王皆有相似的處境，而李奎報與孟子回應的態度則天差地遠。李奎報無情地指責友人想法的漏洞，而孟子試圖突出宣王微小的優點。同樣的缺失在李奎報眼中是缺點，而在孟子的眼中則是優點。李奎報的批判可能將友人對狗的憐憫之心也一併剷除，而受到孟子鼓勵的宣王，想必會下定決心將內在溫暖的心意推及於百姓。

李奎報與孟子的差異在於真心的有無。利用忠告壓制對方而誇耀自己的人，會像李奎報那樣使用無情的話術；而真心為對方著想，期待對方有所改變的人，則像孟子那樣使用機智且溫柔的話術。如果我們說話的目的是為了誇耀自己，必須懂得調整自己的心態；反之，如果真誠的話語卻說得生硬無情，就必須修正自己的口氣。

野人家 212

說話的內功

汲取世界48哲人的智慧，八階段深度磨練言語的力量

말의 내공 사람을 끌어당기는 동서양 고전의 화술

作者	申道賢、尹娜鏤
譯者	林侑毅
社長	張瑩瑩
總編輯	蔡麗真
責任編輯	徐子涵
校對	魏秋綢
行銷企劃	林麗紅
封面設計	萬勝安
版型設計	洪素貞

讀書共和國出版集團

社長	郭重興
發行人兼出版總監	曾大福
業務平臺總經理	李雪麗
業務平臺副總經理	李復民
實體通路組	林詩富、陳志峰、賴珮瑜、郭文弘、吳眉姍
網路暨海外通路組	張鑫峰、林裴瑤、王文賓、范光杰
特販通路組	陳綺瑩、郭文龍
電子商務組	黃詩芸、李冠穎、林雅卿、高崇哲
專案企劃組	蔡孟庭、盤惟心、張釋云
閱讀社群組	黃志堅、羅文浩、盧煒婷
版權部	黃知涵
印務部	江域平、黃禮賢、林文義、李孟儒

出版	野人文化股份有限公司 地址：231新北市新店區民權路108-2號9樓 電子信箱：yeren@yeren.com.tw
發行	遠足文化事業股份有限公司 地址：231新北市新店區民權路108-2號9樓 電話：（02）2218-1417 傳真：（02）8667-1065 電子信箱：service@bookrep.com.tw 網址：www.bookrep.com.tw 郵撥帳號：19504465遠足文化事業股份有限公司 客服專線：0800-221-029
法律顧問	華洋法律事務所 蘇文生律師
印製	呈靖彩藝有限公司
初版首刷	2021年8月

國家圖書館出版品預行編目資料

說話的內功：汲取世界48哲人的智慧,八階段深度磨練言語的力量 / 申道賢, 尹娜鏤作；林侑毅譯. -- 初版. -- 新北市：野人文化股份有限公司出版：遠足文化事業股份有限公司發行, 2021.08

面；　公分. -- (野人家)

譯自：

ISBN 978-986-384-561-4(平裝)

1.說話藝術 2.口才

192.32　　110010311

ISBN 9789863845614（平裝）
ISBN 9789863845690（epub）
ISBN 9789863845683（pdf）

野人文化官方網頁　野人文化讀者回函

說話的內功

線上讀者回函專用QR CODE，你的寶貴意見，將是我們進步的最大動力。

野人文化
讀者回函卡

書 名

姓 名 □女 □男 年齡

地 址

電 話 手機

Email

□同意 □不同意 收到野人文化新書電子報

學 歷 □國中(含以下)□高中職 □大專 □研究所以上
職 業 □生產/製造 □金融/商業 □傳播/廣告 □軍警/公務員
□教育/文化 □旅遊/運輸 □醫療/保健 □仲介/服務
□學生 □自由/家管 □其他

◆你從何處知道此書？
□書店：名稱 ______________ □網路：名稱 ______________
□量販店：名稱 ______________ □其他 ______________

◆你以何種方式購買本書？
□誠品書店 □誠品網路書店 □金石堂書店 □金石堂網路書店
□博客來網路書店 □其他 ______________

◆你的閱讀習慣：
□親子教養 □文學 □翻譯小說 □日文小說 □華文小說 □藝術設計
□人文社科 □自然科學 □商業理財 □宗教哲學 □心理勵志
□休閒生活（旅遊、瘦身、美容、園藝等） □手工藝／DIY □飲食／食譜
□健康養生 □兩性 □圖文書／漫畫 □其他 ______

◆你對本書的評價：（請填代號，1. 非常滿意 2. 滿意 3. 尚可 4. 待改進）
書名 _____ 封面設計 _____ 版面編排 _____ 印刷 _____ 內容 _____
整體評價 _____

◆你對本書的建議：

廣 告 回 函
板橋郵政管理局登記證
板 橋 廣 字 第 143 號

郵資已付 免貼郵票

野人

23141
新北市新店區民權路108-2號9樓
野人文化股份有限公司 收

請沿線撕下對折寄回

野人

書號：0NFL0212